W9-BBU-296

Le Chaînon manquant

Les Origines de l'Homme

Le Chaînon manquant

par Maitland A. Edey
et les Rédacteurs
des Éditions TIME-LIFE

FRANCE LOISIRS
123, boulevard de Grenelle, Paris

L'auteur : MAITLAND A. EDEY est un ancien membre de l'équipe de rédaction des Éditions TIME-LIFE. Il est l'auteur d'un ouvrage intitulé *La Côte Nord-Ouest de l'Amérique,* paru dans la collection Les Grandes Étendues Sauvages. En tant que rédacteur de la série LIFE Le Monde Vivant, on lui doit l'ouvrage intitulé *L'Homme préhistorique.* Il a beaucoup voyagé à travers le Kenya, la Tanzanie et l'Ouganda.

Les conseillers scientifiques : SHERWOOD L. WASHBURN est professeur d'anthropologie à l'université de Californie, à Berkeley, et BERNARD CAMPBELL est professeur d'anthropologie à l'université de Californie, à Los Angeles.

Couverture : Voici six millions d'années, *Australopithecus,* le plus proche ancêtre de l'homme, sorti prudemment de la forêt pour s'engager dans les hautes herbes de la savane africaine : pour cet être de transition entre les animaux arboricoles et l'homme moderne, ce fut une étape décisive vers l'humanité.

La scène représentée sur la couverture, comme celles des pages 8 et 21 à 31, a été composée en reproduisant l'image des Australopithécidés sur un fond photographique de paysages identiques à ceux au sein desquels évoluaient certains d'entre eux.

Edition du Club France-Loisirs, Paris
avec l'autorisation des éditions Time-Life
ISBN. 2-7242-2115-X.

Traduit de l'anglais par Simon Noireaud.

Authorized French language edition © 1973 TIME-LIFE Books B.V.
Original U.S. edition © 1972 TIME-LIFE Books Inc. All rights reserved.
Seventh French printing, 1981.

Table des matières

Introduction

Depuis 2 500 ans, depuis que l'inscription « connais-toi toi-même » a été portée sur le fronton du temple d'Apollon à Delphes, dans la Grèce antique, la religion, la philosophie et, plus récemment, la psychologie constituent autant de tentatives faites par l'homme pour expliquer à la fois sa propre nature et le développement de sa personnalité. Mais, quelle que soit l'importance des connaissances acquises à travers ces délibérations, il lui manquait quelque chose : la compréhension de la nature innée de l'homme, c'est-à-dire du matériel génétique qu'il a hérité d'un passé extrêmement lointain. Ce matériel se compose des racines biologiques de l'anatomie et du comportement humains. Seule une compréhension des époques antérieures à l'apparition de l'écriture pourrait nous dire quel genre de créatures nous avons été et comment nous sommes parvenus à notre état actuel.

On doit les premières études de la préhistoire humaine, comme tant d'autres sciences, à l'insatiable curiosité de l'homme. Aucun résultat concret n'était prévisible par les pionniers qui entreprirent avec patience et enthousiasme l'exploration et la fouille de régions lointaines : la seule récompense attendue était le prix d'une meilleure connaissance qui constitue l'un des plus grands trésors de l'esprit humain. Cette connaissance nous a ouvert une nouvelle perspective sur nous-mêmes. Au cours des quinze dernières années, de nouveaux témoignages fossiles et archéologiques ont sérieusement éclairé l'ensemble du processus de l'évolution humaine. Aujourd'hui, les fossiles enfouis dans le sol nous familiarisent non seulement avec le squelette de l'homme préhistorique et les instruments dont il se servait — ses outils de pierre et d'os — mais, grâce à eux, nous sommes mieux informés sur le milieu dans lequel il vivait, son régime alimentaire, sa vie sociale, enfin, et surtout, son comportement. Bien qu'une fraction seulement du comportement humain soit « programmé » par son héritage génétique, les caractéristiques innées de son système nerveux fournissent le cadre au sein duquel ce comportement est réalisé et donnent à ce cadre ses possibilités extraordinaires. Les capacités d'apprentissage et la souplesse du comportement de l'homme lui viennent de son passé. Une meilleure connaissance de la manière dont nous avons survécu dans le passé pourrait se révéler utile dans nos tentatives en vue de survivre au présent.

Cet ouvrage décrit les preuves de l'évolution au cours de la période la plus primitive de l'humanité : cette époque cruciale où l'homme se sépara de l'ancêtre qu'il partage en commun avec les singes anthropoïdes africains. Cette époque est cruciale parce qu'elle vit évoluer les caractéristiques les plus significatives de l'anatomie et du comportement humains. Elle aurait pu être extrêmement dangereuse car nos ancêtres, créatures vulnérables, auraient pu succomber dans la compétition avec d'autres espèces animales et s'éteindre. Mais nous savons que tel ne fut pas le cas : nos ancêtres survécurent par suite d'une adaptation unique à leur milieu — ils abandonnèrent la « niche écologique » favorable qu'occupaient leurs prédécesseurs pour se transformer en bipèdes végétariens, chercheurs de carcasses, chasseurs dans la savane ouverte. Ils n'étaient pas seulement des animaux sociaux mais aussi culturels, amalgame de qualités qui constituaient dans le monde naturel une innovation.

La qualité particulière de cette espèce ancestrale provenant du plus lointain passé de l'homme — le chaînon manquant — a été rassemblée dans ce très édifiant ouvrage d'après les témoignages des fouilles, et également des observations faites sur le comportement de nos cousins, les primates modernes. L'apparition de l'homme peut être interprétée comme un processus au cours duquel un animal unique prit conscience de lui-même et de sa place dans la nature.

Bernard Campbell

Chapitre un : L'ancêtre

D'allure presque humaine, Australopithecus, *être de transition, guette dans la forêt tropicale, tel qu'il devait apparaître voici 2 millions d'années.*

Je n'aurais pas honte d'avoir un singe pour ancêtre, mais j'aurais honte d'être apparenté à un homme qui a abusé de son intelligence pour dissimuler la vérité.
— T. H. Huxley, dans sa défense de la théorie de Darwin, contre l'attaque de l'évêque anglican Samuel Wilberforce.

Malgré son sujet scientifique et son vocabulaire technique, cet ouvrage doit se lire comme un véritable roman policier. L'histoire commence, comme il se doit, par la présence d'un corps : le vôtre, le mien, celui de l'homme de la rue. Le corps humain reste unique dans sa manière de penser, de parler, de marcher sur deux pieds, d'user de ses mains, de voir en relief et en couleurs. Plus que tout autre, il est le produit d'une adaptation culturelle plutôt que physique. Comment l'homme en est-il arrivé à ce stade ? D'où vient-il ?

Qui suis-je ? Chacun de nous s'est un jour posé cette question. Socialement, je représente pour mon postier une adresse d'immeuble, pour mon employeur un numéro de Sécurité sociale, et pour mon banquier un intitulé de compte.

Mais tout cela ne révèle rien de ma propre personnalité. Mes papiers d'identité donnent mon signalement : un mètre quatre-vingts, yeux bruns.

Un mètre quatre-vingts, soit une taille légèrement au-dessus de la moyenne des Américains, mais de dix-sept centimètre supérieur à la moyenne des individus dans le monde. Cependant, mon père et ma mère étaient petits, ainsi que trois de mes grands-parents. Ces derniers avaient également les yeux bleus. Quant à mon aïeul paternel, il abandonna sa femme peu après son mariage, mena une vie errante et finit par se suicider. Est-ce à lui que je dois mes yeux bruns et la dépression qui m'envahit lorsque les choses vont trop mal ? Qui peut le dire ? Je sais seulement que mes parents et mes grands-parents m'ont transmis les caractères qu'ils tenaient des leurs, et qu'ils ont façonné en partie ma personnalité. Le nombre de mes ancêtres directs (paternels et maternels) double en remontant chaque génération. De mes seize arrière-arrière-grands-parents, je ne sais plus rien du tout, pas même leurs noms.

En remontant mille ans dans le passé, le nombre de mes géniteurs devrait atteindre un milliard si bon nombre d'entre eux n'avaient pas eu d'ascendance commune. En effet, vers l'an mil, la population mondiale ne dépassait par 280 millions d'individus. Je supposerai donc que, compte tenu des liens de parenté (ignorés d'ailleurs des intéressés), il reste un million d'hommes et de femmes tous différents qui sont mes ancêtres et qui vivaient à l'époque de Guillaume le Conquérant.

Ma famille est d'origine anglaise, écossaise et néerlandaise mais, voici dix siècles, on parlait encore que de Pictes et de Saxons. Comme 90 p. cent de la population de l'époque, mes ancêtres étaient très probablement des paysans ignorants, superstitieux, épuisés par le travail, minés par les maladies : édentés à vingt-cinq ans, la plupart mouraient à l'âge de trente-cinq. Bien que je ne me sente rien de commun avec eux, ces gens m'ont tous légué une partie de leurs gènes qui influencent encore mon physique et mon moral.

Remontons à un millénaire plus loin. Parmi mes ascendants directs apparaissent pêle-mêle des Romains, des Grecs, des Sémites du Proche-Orient, des Tartares de l'Asie centrale, des Égyptiens et des Africains noirs. Cependant, la masse de mes géniteurs étaient les ancêtres des paysans médiévaux. Ils vivaient alors en tribus installées en bordure de forêt, pratiquaient un rudiment d'agriculture. A demi sauvages, ils ignoraient tout des civilisations qui ailleurs prospéraient. Certains ne connaissaient même pas le métal ; pourtant, je descends d'eux.

Si je continue à remonter à 100 000, 500 000, un million d'années, mes ancêtres sont déjà là, mais ils ressemblent de moins en moins à des hommes. Leur cerveau est de plus en plus rudimentaire. Vêtus de peaux de bêtes ou entièrement nus, ils ignorent l'usage du feu et survivent de la cueillette de fruits sauvages, de racines et de la chasse aux petits animaux.

Le problème de mon ascendance est avant tout une question de génétique. J'appartiens génétiquement à l'ensemble de l'humanité et de tous les êtres vivants du globe. Si je peux le prouver, je saurai peut-être expliquer pourquoi je suis capable d'écrire ce livre, pourquoi j'appartiens à une génération qui sait construire des villes et aller dans la lune.

Il fut un temps où mes ancêtres étaient des brutes ignorantes, des créatures simiesques, vivant dans les arbres. Certains d'entre eux devinrent des hommes. Les racines de mon arbre généalogique se perdent dans l'obscurité, à la limite des hommes et de ceux qui n'en étaient pas encore. Le but de ce livre est de reconstituer cet arbre et ses rameaux collatéraux ou éteints, à la lumière des découvertes récentes, afin d'expliquer comment un lointain anthropoïde arboricole est devenu l'homme que je suis aujourd'hui.

Cette créature intermédiaire représente le « chaînon manquant » qui constitue le titre du présent livre. Cette appellation se justifie pour une double raison. Il s'agit assurément d'un chaînon reliant l'homme aux êtres inférieurs, et plus exactement d'une série de maillons formant une chaîne ininterrompue. On a pu, à juste titre, qualifier ce chaînon de « manquant », parce que la preuve la plus élémentaire le concernant nous a fait défaut jusqu'à une date relativement récente. Nous manquons encore d'une grande quantité de témoignages importants, d'où les

discussions passionnées sur le fait de savoir comment les nombreuses créatures si proches l'une de l'autre se rattachent à une chaîne si longue et si vieille que ses maillons défient presque tout assemblage. Des découvertes et des analyses récentes nous permettent maintenant d'entrevoir la manière dont certains chaînons se relient entre eux, et peut-être demain pourront-ils être soudés définitivement. Chaque nouvelle découverte renforcera les anneaux qui composent la chaîne dans un ordre donné, ou bien devra être classée à part et réajustée pour former une autre séquence à laquelle s'ajouteront, le cas échéant, un ou deux autres maillons.

La science qui a pour but de reconstituer cette chaîne est la paléoanthropologie. Pour ces spécialistes, notre époque est particulièrement passionnante. Les opinions des meilleurs savants divergent jusqu'à présent sur quelques points importants. De nombreuses bombes ont éclaté dans ce domaine depuis vingt ans, et d'autres sont certainement amorcées. Quant au profane, qui est incapable de juger de la valeur des discussions techniques des spécialistes, il ne peut qu'attendre l'explosion des bombes, la retombée de poussières, et observer en écarquillant les yeux comment se classent les débris. Ce livre décrit l'état actuel de ce procédé de classement et esquisse une tentative d'identification d'un chaînon manquant.

Tout a commencé en 1859 avec la publication de l'ouvrage de Charles Darwin, *Sur l'origine des espèces et des variétés par la sélection naturelle*. Il est impossible aujourd'hui de recréer le choc intellectuel et moral qui balaya l'Angleterre lorsque le public comprit les implications de ce livre historique. L'évolution des plantes ou des animaux fut assez aisément admise. Après tout, l'homme lui-même n'avait-il pas, par ses méthodes d'élevage, fait évoluer un certain nombre d'animaux domestiques aussi bien qu'une grande variété de graines ?

C'est alors qu'étaient apparus, à la suite de fouilles, ces extraordinaires ossements de dinosaures. Il fallait en expliquer l'origine; il devenait de plus en plus évident que l'âge de la Terre n'était pas de 6 000 ans, comme l'avait toujours prêché l'Église, mais atteignait des centaines de milliers, peut-être même des centaines de millions d'années. Mais là ne résidait pas le principal problème. Ce que l'époque avait tant de mal à admettre, c'était l'idée que l'homme pût descendre d'une foule d'anthropoïdes et de singes répugnants, poilus et couverts de vermine.

Ces horribles singes! Une dame de l'époque victorienne disait : « Mon cher, espérons que cela n'est pas vrai, mais si ça l'était, prions pour que la chose ne soit pas connue du grand public! » Malheureusement, l'affaire transpira. Ces singes et ces anthropoïdes occupèrent le centre de la scène après l'étude approfondie réalisée sur les primates par T. H. Huxley, qui était un ami de Darwin et un chaleureux défenseur de ses théories sur l'évolution. La conclusion de Huxley affirmait que, parmi tous les animaux terrestres, c'étaient les grands anthropoïdes d'Afrique, chimpanzés et gorilles, qui se rapprochaient le plus de l'homme. Il s'ensuivait que si l'on devait trouver des fossiles pré-humains, ceux-ci devraient nous conduire à d'autres types encore plus anciens qui se révéleraient être les ancêtres communs aux anthropoïdes et aux hommes, enfin que ces découvertes auraient sans doute l'Afrique pour cadre.

Ce fut pour les partisans de l'évolution une période pénible. En effet, quiconque adhérait entièrement à la logique des théories de Huxley ressentait le manque regrettable de fossiles de caractère humain qui pussent étayer ces concepts; il n'en existait ni en Afrique, ni ailleurs. A l'époque où fut publié le livre de Darwin, on ne connaissait dans le monde entier qu'un seul fossile de cette nature. C'était un fragment de crâne d'allure humaine qui avait été découvert en 1856 dans une grotte calcaire de la vallée de Néanderthal, en Allemagne. Ce crâne, qui apparaissait d'origine nettement humaine ou quasi humaine, présentait un aspect étrange. A cette époque, il était plus facile de le classer parmi les spécimens monstrueux, déviation de l'homme moderne, que de reconnaître la possibilité d'une ressemblance quelconque avec les ancêtres de l'homme. Un certain nombre de savants éminents s'efforcèrent de faire retomber l'homme de Néanderthal dans l'oubli.

Mais un autre problème surgissait que l'on ne pouvait négliger. Si ce n'était l'homme de Néanderthal, quel était donc l'auteur de ces haches et autres grossiers outils de pierre que l'on exhumait de plus en plus fréquemment du lit des rivières ou du sol des grottes dans toute l'Europe occidentale? En outre, les progrès de la géologie permettaient désormais de dater l'ancienneté de certains de ces outils avec une bonne précision. A contrecœur, le monde scientifique dut progressivement admettre que bon nombre de ces pierres taillées remontaient à plus de 20 000 ans, voire à plus de 100 000 ans. Mais on ne possédait encore aucune preuve de leur origine humaine; on ne savait rien de leurs fabricants tant que l'on n'avait pas découvert ces outils et des fossiles humains présents simultanément dans les mêmes couches du sol d'une caverne ou dans le même niveau géologique.

Finalement, un grand nombre d'autres fossiles du type Néanderthal furent mis au jour, ainsi que plusieurs restes d'un type plus récent appelé homme de Cro-Magnon, du nom de l'endroit où on le découvrit en premier en Dordogne (1868). Désormais, il était prouvé que les hommes occupaient déjà l'Europe depuis au moins 100 000 ans. La paléoanthropologie devenait alors une respectable science qui s'appuyait sur des fossiles indiscutables. Ce qui manquait, c'étaient des bases pour fonder

La première créature d'aspect humain, appelée Australopithecus, *s'est développée dans la forêt tropicale de l'Ancien Monde (en vert) puis a émigré dans la savane proche (en brun). Les sites fossiles (indiqués par leur nom) sont concentrés en Afrique dans la Rift Valley, mais les vestiges découverts ailleurs nous indiquent que les hominidés ont probablement évolué également dans ces endroits. La migration à grande échelle fut empêchée par la présence des montagnes (en rouge) et des déserts (en jaune).*

une théorie sur l'origine de ces fossiles. Qui était l'homme de Néanderthal? A quoi ressemblait-il?

Il devait revenir à un jeune chirurgien militaire hollandais du nom d'Eugène Dubois de fournir une réponse. Au cours de fouilles exécutées en 1891 et 1892 sur les flancs d'un lit de rivière à Java, zone riche en fossiles d'animaux disparus, il découvrit un fragment de crâne de type humain et quelques dents, le tout étant beaucoup plus primitif que tous les autres fossiles découverts à l'époque.

Dubois nomma sa découverte *Pithecanthropus erectus,* ou homme-singe dressé, du grec *pithecos* (singe) et *anthropos* (homme). L'âge du fossile est estimé à 750 000 ans.

Cette découverte multipliait par sept la durée admise de l'ancienneté de l'homme. Étant donné que cette preuve unique concernait un spécimen découvert à l'autre bout du monde, peu de personnes y ajoutèrent foi, comme on pouvait s'y attendre. Mais la trouvaille de Dubois devait être confirmée ailleurs. Une mâchoire d'un type à peu près similaire fut découverte en Allemagne : c'était l'homme d'Heidelberg. Plus tard, dans les années 1920-1930, des fouilles à grande échelle entreprises dans les grottes des hauteurs à proximité de Pékin livrèrent un grand nombre de fragments humains. Ceux-ci, bien que n'étant ni aussi âgés ni aussi primitifs que les fossiles de Dubois, leur ressemblaient. Simultanément, le préhistorien G.H.R. von Koenigswald découvrait encore, dans l'île de Java, d'autres ossements aussi vieux et aussi archaïques, non loin des sites naguère fouillés par Dubois. Depuis cette époque, d'autres sites ont donné de nouveaux fossiles, en Espagne, France, Hongrie, Afrique du Nord et Afrique orientale. Il apparut progressivement que les hommes proprement dits, et non plus seulement les anthropoïdes ou les hommes-singes, étaient déjà largement répandus voici 500 000 ans dans les régions chaudes ou tempérées de l'Ancien Monde. On considère maintenant qu'il en existait une espèce unique, mais présentant des variations locales considérables. Pour souligner leur caractère humain indéniable, on leur donna le nom scientifique unique de *Homo erectus* qui place ces fossiles dans le même genre que *Homo sapiens,* qui est l'homme moderne.

Le développement de l'espèce humaine ne se produisit pas aussi clairement et aussi rapidement que nous l'avons résumé ici. Une fois de plus, il ne résolvait pas le problème essentiel, mais en reculait seulement la solution plus loin dans le passé. Une question restait insoluble : d'où venait *Homo erectus?*

Ici encore, la réponse arriva d'une région lointaine et inattendue, l'Afrique du Sud. Raymond Dart, professeur d'anatomie à Johannesburg qui s'intéressait vivement au passé, avait coutume d'encourager ses étudiants à lui adresser les fragments de roche qui semblaient contenir des fossiles. En 1924, il réussit à se procurer un certain nombre d'échantillons de roche en provenance d'une carrière de calcaire, et dont l'un contenait un crâne pouvant être attribué à un babouin. Le second échantillon qu'il examina n'était pas un crâne, mais presque : un morceau de roche arrondi qui se révéla être le moulage de la face interne d'une calotte crânienne. Plus tard, parmi les autres échantillons, il découvrit l'élément qui manquait, le crâne lui-même.

Dès le premier coup d'œil à ce fragment antique, Dart sentit son esprit s'enflammer. Il ne s'agissait pas d'un babouin fossile. La capacité crânienne était trop importante pour un singe et la face n'accusait pas le prognathisme de la mâchoire ni les grosses canines qui sont caractéristiques des babouins, actuels ou éteints. Ce fossile montrait une mâchoire plus petite et une face

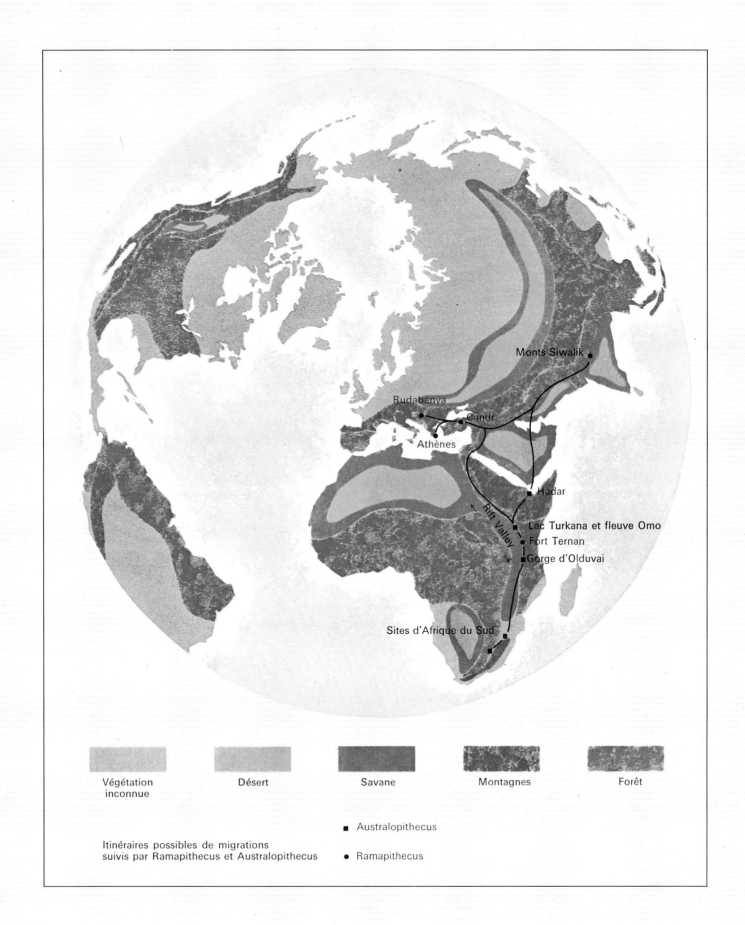

Monts Siwalik

Rudabanya

Candir

Athènes

Hadar

Lac Turkana et fleuve Omo

Fort Ternan

Rift Valley

Gorge d'Olduvai

Sites d'Afrique du Sud

Végétation inconnue

Désert

Savane

Montagnes

Forêt

Itinéraires possibles de migrations
suivis par Ramapithecus et Australopithecus

■ Australopithecus

● Ramapithecus

presque verticale d'anthropoïde. Mais les anthropoïdes vivent dans les forêts tropicales, lesquelles n'existent pas en Afrique du Sud, ni aujourd'hui, ni depuis 100 millions d'années. En outre, un examen plus attentif révéla à Dart que les dents étaient plus humaines qu'anthropoïdes. De plus, le trou occipital (orifice situé à la base du crâne par où les nerfs de la moelle épinière parviennent au cerveau) était placé d'une manière qui dénotait chez son possesseur une station verticale. Était-ce un homme? Non, c'était impossible, la créature était trop primitive et le cerveau trop réduit. Était-ce un pré-homme, créature de transition avec les anthropoïdes fossiles? Prenant son élan, Dart annonça au monde qu'il avait découvert un hominidé, c'est-à-dire un ancêtre de l'homme qui n'était pas encore humain. Il appela sa découverte *Australopithecus africanus* (anthropoïde d'Afrique du Sud).

Une fois encore, le monde savant demeura sceptique. Une telle constance dans l'incrédulité peut sembler étrange. Après tout, les anthropologistes passent leur vie à rechercher des fossiles de plus en plus primitifs et ressemblant toujours plus à des anthropoïdes. Pourquoi, alors, se montrer si réticent pour en reconnaître un lorsque cela se produisait? Il existe de nombreuses raisons. D'abord les fausses nouvelles sont nombreuses. Ce livre s'allongerait démesurément si on voulait y inclure toutes les fausses alertes anthropologiques concernant les hominidés et annoncées tant par les profanes que par les spécialistes. De plus, il existe des exemples de fraudes volontaires. La plus fameuse d'entre elles concernait l'homme de Piltdown : c'était un crâne d'homme moderne, maquillé pour paraître très ancien, et qui avait été enterré dans un fossé en Angleterre par un jeune anthropologiste facétieux, à côté d'une mâchoire d'anthropoïde dont les dents avaient été limées pour imiter les dents humaines.

Cette découverte, faite par un scientifique amateur, Charles Dawson, obscurcit pendant des dizaines d'années les recherches anthropologiques à un degré à peine croyable. Elle suggérait que les hommes primitifs possédaient des cerveaux développés, mais des faces d'anthropoïdes — concept qui satisfaisait la vanité de l'homme moderne en soulignant le caractère exclusif de l'intellect humain. Le fossile de Dart ne flattait pas autant la vanité humaine. Il suggérait exactement le contraire, c'est-à-dire que la face et les dents devinrent nettement humaines alors que le cerveau restait encore très réduit.

Australopithecus se heurta à ce préjugé scientifique et s'y enterra. Un ami de Dart, Robert Broom, voulut poursuivre l'affaire. Dans la redoutable revue scientifique anglaise *Nature*, il annonça que Dart avait raison et se rendit sur les lieux pour tenter de réaliser d'autres découvertes similaires. Il réussit; d'autres suivirent. Finalement, cinq sites principaux d'Afrique du Sud livrèrent des centaines de fragments d'Australopithécidés. Ces preuves étaient suffisantes en elles-mêmes pour fonder une théorie selon laquelle il avait existé deux espèces : l'une du type « robuste » à lourdes mâchoires pourvues de molaires extrêmement développées, et une autre moins fruste, du type « gracile », comportant des molaires plus petites. Pendant longtemps, aucune de ces deux formes n'intéressa le monde scientifique. Cela provenait en partie du fait que Dart, premier auteur des découvertes, ne faisait pas partie des sommités de la paléoanthropologie dont les célébrités se trouvaient en Angleterre, en France et en Allemagne; et en partie parce que ces messieurs ne considéraient pas ces êtres fossiles aux faibles cerveaux comme dignes d'intérêt. Peut-être, disaient-ils, *Australopithecus* appartenait-il à une espèce de chimpanzé aberrant.

Ces découvertes soulevaient d'ailleurs un autre problème. Les fossiles n'avaient pas été mis au jour dans des couches qui permettaient de calculer leur ancienneté; ils étaient issus d'un conglomérat, genre béton, fait de pierres et de sable. Il était impossible de dater ces ossements avec exactitude. Quant aux fossiles d'animaux qui y étaient associés, il s'agissait d'espèces éteintes, sans utilité pour la datation. Broom ne disposait d'aucun point de comparaison. Par une extrapolation osée mais prophétique, il déclara que *Australopithecus* était sans doute âgé de 2 millions d'années.

Les sarcasmes redoublèrent. Qui pouvait croire qu'un ancêtre de l'homme, se tenant debout, et possédant un cerveau à peine plus volumineux que celui du chimpanzé, eût hanté la savane sud-africaine voici 2 millions d'années? Apparemment personne. La Seconde Guerre mondiale éclata, la paix revint, et *Australopithecus* restait toujours quasi inconnu du monde.

Il fallut attendre 1959 pour que cette situation changeât. Le mérite en revint aux efforts de Louis et Mary Leakey, couple d'anthropologistes anglais vivant en Afrique orientale; ceux-ci poursuivaient avec persévérance une tâche dont l'ingratitude des résultats fait date dans l'histoire de l'anthropologie. Leakey travaillait au Muséum de Nairobi (Kenya) mais il passait la majeure partie de son temps libre à parcourir une gorge de rivière asséchée, en Tanzanie du Nord, à plusieurs centaines de kilomètres au sud de Nairobi. La gorge d'Olduvai était réputée pour ses riches gisements d'animaux fossiles. Mais ce qui attirait particulièrement les Leakey était la présence sur place d'outils de pierre extrêmement primitifs éparpillés dans cette gorge, les uns gisant à découvert sur le sol, les autres émergeant des parois verticales stratifiées de la vallée, mises à nu par l'érosion.

Les Leakey travaillèrent à Olduvai pendant vingt-huit années. Leurs ressources financières étaient faibles, la température du site torride. Au début, il leur fallait des journées de voyage pour venir de Nairobi en empruntant une piste de la gorge. Progressivement, avec l'aide d'autres spécialistes, ils dégagèrent l'histoire géologique d'Olduvai : la gorge avait été creusée par une rivière maintenant asséchée, de telle manière que les couches superposées de sédiments et de matériaux volcaniques apparaissaient comme les couches d'un gâteau d'anniversaire. Aux différents niveaux, au cours des années, les Leakey découvrirent une énorme quantité de fossiles d'animaux, identifiant et classant plusieurs centaines d'espèces, dont certaines étaient éteintes, et d'autres jusque-là inconnues de la science. Mais, mis à part deux petits fragments de crâne et deux dents que l'on attribuait à des hominidés, ils ne trouvèrent nulle trace de l'homme. Qui donc était l'auteur de ces outils de pierre déconcertants?

Un jour où Leakey reposait sous sa tente, terrassé par la fièvre, sa femme partit jeter un dernier coup d'œil au chantier de fouilles avant de regagner Nairobi. C'est alors qu'elle aperçut, éclairé par le soleil couchant, un objet pointant dans la Couche I, dernier niveau inférieur de la gorge. Il s'agissait d'une partie de la face d'un hominidé, à laquelle adhéraient encore d'épaisses dents brunes.

Les événements se précipitèrent ensuite. L'homme de Leakey ressemblait au type plus grossier et plus vigoureux des Australopithécidés que l'on découvrait en Afrique du Sud. En fait, les Leakey considérèrent leur trouvaille si « robuste » qu'ils la classèrent comme Australopithécidé d'une espèce différente. Les autres savants s'inclinèrent et le fossile reçut son propre nom : *Zinjanthropus boisei.* Puis, une fois admis qu'il ne s'agissait pas d'une nouvelle espèce, il devint *Australopithecus boisei.* Par un hasard géologique miraculeux, on put dater *boisei,* et déterminer l'ancienneté de son crâne, découvert juste au-dessus d'une couche de cendres volcaniques. *Boisei* se

La famille humaine : de l'anthropoïde à l'homme en 14 millions d'années

RAMAPITHECUS

Connu seulement grâce à quelques dents et à des fragments de mâchoires datés entre 9 et 14 millions d'années, cette créature d'allure anthropoïde appartient, croit-on, à la lignée humaine. Il est impossible de savoir si oui ou non Ramapithecus se tenait droit.

AUSTRALOPITHECUS AFRICANUS

On se réfère également à cette forme d'Australopithécidés comme à un type « gracile ». Les fossiles d'africanus les mieux connus proviennent d'Afrique du Sud. Leur datation demeure incertaine : entre 2 et 2,5 millions d'années. Bien qu'on ait découvert quelques fragments du type « gracile » près du lac Turkana et en Éthiopie, les experts sont en désaccord pour les attribuer à afarensis ou à africanus.

AUSTRALOPITHECUS AFARENSIS

Les fossiles de cette toute première forme d'Australopithecus datent de 2,9 à 3,5 millions d'années. Les plus anciens furent exhumés à Laetolil en Tanzanie, les plus récents à Hadar en Éthiopie. Doté d'un cerveau de petites dimensions et d'une denture fort semblable à celle d'un anthropoïde, afarensis passe aux yeux de nombreux anthropologues pour l'ancêtre d'habilis et de robustus.

HOMO HABILIS

Après avoir progressivement divergé des Australopithécidés, le premier homme véritable apparut 2 millions d'années av. J.-C. Capable de manier les outils, il reçut le nom d'Homo habilis, l'homme habile. Des fossiles de ce type, découverts à Olduvai et près du lac Turkana, montrent que son cerveau était plus développé que celui d'aucun autre Australopithécidé et qu'il était carnivore.

AUSTRALOPITHECUS ROBUSTUS ET BOISEI

Derniers Australopithécidés, robustus *et* boisei *disparurent voici un million d'années. On n'a trouvé* robustus *qu'en Afrique du Sud et* boisei *qu'en Afrique orientale, mais leur ressemblance est telle qu'aucune différence d'aspect n'apparaîtrait dans les reconstitutions que l'on pourrait en faire. Ils étaient l'un et l'autre végétariens, bipèdes et dotés de squelettes « robustes ». Aucun d'eux, croit-on, n'utilisait d'outils.*

HOMO SAPIENS

L'homme moderne — Homo sapiens *— fit son apparition à partir d'*Homo erectus *dans différentes régions du globe voici quelque 300 000 ans. L'homme de Néanderthal survint il y a 100 000 ans environ. Il prospéra lors de la dernière glaciation, mais semble avoir disparu avant sa fin. 30 000 ans avant notre ère, l'homme de Cro-Magnon, dont les caractéristiques sont pratiquement celles de l'homme moderne, apparut à son tour.*

HOMO ERECTUS

*Généralement considéré à présent comme un descendant direct d'*Homo habilis, Homo erectus, *doté d'un cerveau encore plus développé, était plus efficace que son ancêtre. Il fit son apparition il y a 1,5 million d'années et fut le premier hominidé à se répandre sur de vastes territoires à travers l'Ancien Monde. Des fossiles exhumés en Europe, en Afrique, en Chine et à Java.*

vit reconnaître une ancienneté de 1 750 000 ans.

Depuis lors, Richard, le fils de Leakey, a fait de nombreuses trouvailles de *boisei* près du lac Turkana, dans le Nord du Kenya. Par ailleurs, des spécimens d'un *Australopithecus* encore plus ancien, plus petit et plus primitif ont été exhumés près d'Olduvai par Mary Leakey, et quelques exemplaires superbes mis au jour par Don Johanson à Hadar, en Éthiopie.

Peut-on dire que *Australopithecus* constitue le chaînon manquant? Dans un sens, oui, puisqu'il semble dater d'une époque de transition indécise entre l'homme et l'anthropoïde. Mais on a découvert plusieurs modèles d'Australopithèques, auxquels la science a attribué des noms qui ont varié et varient encore; cette hésitation reflète les procédés déconcertants de l'évolution en vertu desquels un type d'être se transforme progressivement en un autre, au cours des temps.

Par conséquent, pour l'instant, nous attendrons prudemment avant d'apposer l'étiquette définitive de chaînon manquant sur une espèce quelconque. Examinons plutôt *Australopithecus*, tout en gardant à l'esprit le caractère spéculatif de la description qui va suivre. Si certaines conclusions sur ses habitudes et son allure paraissent plus probables que d'autres, aucune ne fait l'unanimité.

Australopithecus n'était pas un singe anthropoïde. Il vivait soit en lisière de la forêt soit dans la plaine, mais sans s'éloigner jamais de l'eau de plus d'un jour de marche. Il habita ces régions pendant très longtemps, c'est-à-dire 2 millions, et même peut-être de 5 à 6 millions d'années. Il vivait en petites troupes composées de mâles, de femelles, des enfants et des jeunes nourrissons portés par leurs mères. Il se déplaçait sur deux jambes, comme l'homme, mais peut-être son allure était-elle moins efficace que celle de l'homme moderne. Il courait vite et attrapait des lézards, des lièvres, des rongeurs et autres petites proies. Son milieu d'habitat regorgeait de vie animale, comme c'est encore le cas en Afrique orientale : innombrables troupeaux d'antilopes, de zèbres et autres herbivores. *Australopithecus* se déplaçait à l'aise parmi eux, repérant les gazelles les plus petites, les animaux malades ou infirmes qu'il pourrait tuer, et étudiant la possibilité de s'emparer des animaux nouveau-nés. Il évitait discrètement le deinotherium (sorte d'éléphant fossile), le rhinocéros et le puissant buffle noir. En retour, ces géants l'ignoraient.

Le monde de *Australopithecus* recélait également des lions, des léopards, des hyènes et une espèce maintenant éteinte, le grand tigre à dents-de-sabre. Il devenait parfois la victime de ces fauves. Mais, généralement, *Australopithecus* se déplaçait en bandes compactes; il était armé de gourdins, d'armes en os, de pierres grossièrement taillées et possédait un sens aigu de la défense collective en présence de toute menace. Grâce à ce comportement, ces hominidés pouvaient vaquer à leur routine journalière consistant à chercher des racines, des baies sauvages, des insectes et tout le gibier dont ils pouvaient s'emparer sans se heurter à la concurrence des grands félins; d'ailleurs, ceux-ci, en général, préféraient chasser l'antilope, comme ils le font encore aujourd'hui. *Australopithecus* dut même apprendre à contraindre les léopards ou les lions solitaires à abandonner leurs proies à son profit; il employait certainement cette méthode vis-à-vis des hyènes, à condition toutefois que celles-ci ne fussent pas trop nombreuses.

Cet homme-singe était agile, doué d'une vue perçante et sans cesse en alerte. Son intelligence dépassait celle des babouins avec qui il partageait la savane. Il ne craignait rien de ces derniers, bien qu'un mâle australopithèque isolé n'eût sans doute pas pu se mesurer à un mâle babouin. *Australopithecus* était plus léger, moins puissant et n'était pas doté de la mâchoire féroce et des larges canines de ce singe.

L'Australopithèque mâle du type « gracile » mesurait de 1,20 à 1,50 m de haut et son poids ne dépassait pas de 40 à 50 kilos. Ces chiffres étaient légèrement inférieurs pour la femelle. La couleur de la peau des hominidés est inconnue, mais elle était sans doute recouverte d'un léger duvet. Nous devons admettre que sa face ressemblait fort à celle d'un anthropoïde. La mâchoire était plus prognathe que chez l'homme moderne et le menton était presque inexistant. Le nez était large et plat, faisant à peine relief sur la face. Le front de *Australopithecus* était bas et fuyant et ses yeux s'abritaient sous des visières sus-orbitaires proéminentes. Les parties supérieure et postérieure du crâne étaient peu développées par rapport à l'homme moderne, trait qu'accentuait encore le prognathisme très accusé de la face.

Si l'on en juge par l'exiguïté et par la composition présumée de son cerveau, *Australopithecus* ne parlait pas, au sens moderne du mot. Mais il savait certainement se faire comprendre de ses congénères par un nombre de cris expressifs. Il devait, par ailleurs, communiquer avec eux en usant d'une large gamme d'attitudes, d'expressions faciales et de mouvements corporels.

Comme la plupart des primates, les femelles connaissaient un cycle menstruel mensuel. A la différence d'autres espèces, elles évoluèrent probablement jusqu'à devenir sexuellement réceptives en permanence et non plus durant quelques jours du cycle. Nous ne savons pas quelle était la durée d'association du couple : quelques semaines, un an ou pour la vie ? Nous ignorons si le mâle dominant du groupe se réservait plusieurs femelles, pour son agrément personnel, ou si tous les membres de la troupe pratiquaient régulièrement ou par intermittence la promis-

cuité sexuelle. Il semble très probable qu'une tendance se développa lentement vers l'instauration de couples permanents, puisque cette coutume constitue un aspect fondamental de la société humaine qui s'est certainement développé au cours d'un laps de temps extrêmement long. De plus, *Australopithecus* amorça sans doute une certaine division du travail qui devait également caractériser les sociétés humaines ultérieures. Les mâles se réservaient plus spécialement la chasse et la défense du groupe. Quant aux femelles, elles récoltaient racines et fruits sauvages, et prenaient soin des enfants. Toute la nourriture, qu'elle provînt de la chasse ou de la cueillette, était probablement partagée.

Où les Australopithécidés se retiraient-ils pour la nuit ? Nous l'ignorons. Dans les savanes, en lisière de forêts, ils pouvaient grimper aux arbres pour se protéger contre les prédateurs puisque ceux-ci chassent surtout la nuit et que *Australopithecus* était particulièrement vulnérable pendant son sommeil. Dans les pays secs et plats, dépourvus de grands arbres, on ne peut que spéculer sur les moyens de protection nocturne des hominidés. Peut-être confectionnaient-ils des abris en branches épineuses; ou bien s'abritaient-ils sous des abris rocheux ou dans des cavernes dont ils obstruaient l'entrée. On peut même supposer qu'ils couchaient à la belle étoile, se fiant à la rareté relative des grands fauves dans une région aride, pauvre en gibier, et comptant sur leur propre réputation de combattants bruyants et nuisibles que les carnassiers avisés devaient éviter avec soin.

Quoi qu'il en soit, ils ont survécu puisque je suis ici pour parler d'eux, mes ancêtres.

La description de *Australopithecus* que nous venons de tracer est claire et précise. Mais est-elle véridique ? Il semble impossible de trancher la question en se fiant à nos propres spéculations. Nous manquons encore de preuves valables pour appuyer cette théorie dont certaines parties sont des extrapolations plus osées que d'autres. Un flot de questions s'élève aussitôt. Ainsi :

1. On parle sans cesse de l'ancienneté de ces hommes primitifs. Comment savons-nous que les chiffres avancés sont corrects à plusieurs centaines de milliers ou millions d'années près ?

2. On évoque des notions de « simiesque » ou « anthropoïde » ou « humanoïde » pour souligner leurs caractéristiques. De quoi s'agit-il ? Comment saurons-nous distinguer entre un singe, un anthropoïde et un homme, surtout si nous disposons au total de quelques dents isolées ?

3. La science professe que nous descendons des anthropoïdes. En a-t-elle la preuve ? Et pourquoi pas des singes ? D'ailleurs à quoi ressemble l'arbre généalogique commun aux singes, aux anthropoïdes et à l'homme ?

4. Enfin, et c'est le plus important, comment, quand et pourquoi les anthropoïdes et les hommes ont-ils divergé dans leur évolution ? Si nos ancêtres furent autrefois des quadrupèdes arboricoles, comment sont-ils devenus des êtres bipèdes vivant sur le sol ?

Tout livre traitant de l'évolution de l'homme doit s'efforcer de répondre d'une manière ou d'une autre à ce genre de questions. Le présent ouvrage tentera d'y parvenir en examinant deux sortes de preuves. Tout d'abord les fossiles, puis la nature et le comportement des êtres vivants, tant des hommes que de leurs proches cousins les primates supérieurs, qui nous fournira des indices sur le chemin que nous avons suivi avant de devenir ce que nous sommes aujourd'hui.

La vie quotidienne de Australopithecus au paradis des chasseurs

Les Euphorbes, arbres qui auraient paru familiers à Australopithecus *voici 2 millions d'années, poussent encore sur les rives du lac Édouard en Ouganda.*

De nos jours, quelque 2 ou 3 millions d'années après l'ère d'*Australopithecus* qui dans sa forme la plus ancienne connue aurait été, selon certains, l'ancêtre de l'homme, nous pouvons reconstituer son emploi du temps quotidien. Cette créature survécut en cueillant des nourritures végétales et, à l'occasion, en chassant des animaux : ses restes fossiles prouvent qu'elle hantait les bords des lacs, les berges des rivières ou la lisière des forêts, la « savane

arborée ». On trouve aujourd'hui en Afrique orientale des paysages qui ressemblent fort à ces sites, et la combinaison de peintures et de photographies reproduites sur cette page et celles qui suivent reconstitue non seulement l'apparence d'*Australopithecus* et de ses habitats, mais aussi les genres d'activité qui auraient été les siens.

La scène ci-dessus montre un paysage typique de bord de lac en Ouganda. Aux alentours, le pays est une savane

arborée habitée aujourd'hui par une population d'animaux très dense, allant des petits rôdeurs aux énormes troupeaux d'antilopes et d'éléphants. Ce milieu de savane au bord de l'eau était idéal pour un hominidé vivant de chasse et de cueillette. Ce site constitue probablement une bonne réplique des conditions qui prévalaient dans des endroits maintenant desséchés comme la gorge d'Olduvai, Omo et la région du lac Turkana où *Australopithecus* doit avoir vécu.

Une existence conditionnée par l'eau et le gibier

Tandis qu'un Australopithecus *se penche pour boire, deux autres fabriquent des outils de pierre. Les zèbres et les gazelles à proximité les ignorent.*

Un Australopithèque enfonce une baguette dans une termitière afin de capturer les insectes dont il se nourrira. Les chimpanzés actuels agissent encore de même aujourd'hui.

Les hominidés primitifs passaient leur vie à côtoyer journellement les animaux qu'ils chassaient. Aujourd'hui encore, ces mêmes herbivores vivent à proximité des lions et d'autres prédateurs, sans paraître les craindre, aussi longtemps qu'ils peuvent les surveiller de vue et qu'ils ne se sentent pas traqués. Ces bêtes conservent ce sentiment de sécurité car elles savent que leur vitesse et leur agilité leur permettent d'échapper le plus souvent aux attaques lorsqu'elles les pressent. Il est probable que les animaux de proie ont ignoré de même les hominidés lents à la course, contraints sans doute de les acculer pour les surprendre, ou de se contenter d'isoler un animal jeune et faible pour s'en emparer.

Des cours d'eau comme celui que nous montrons ici constituaient des endroits privilégiés pour les réunions d'Australopithécidés. C'est là qu'ils pouvaient tendre au gibier des embuscades près de leur point d'eau; en outre, ils y trouvaient des galets roulés dont ils pouvaient tirer des éclats par percussion afin de fabriquer des outils de pierre grossiers mais effilés. Les zones riches en roches volcaniques, en quartz ou en silex, devaient être particulièrement recherchées.

Des gourdins pour armes,
des branches pour la danse de la pluie

Brandissant des gourdins, des hominidés attaquent un guépard dans l'espoir de lui faire abandonner sa proie toute fraîche.

Bien que les vestiges exhumés à Hadar nous fournissent des preuves sur l'aptitude d'*Australopithecus* à fabriquer et à utiliser des outils de pierre, rien ne subsiste de l'énorme quantité d'outils de bois dont ils ont dû faire usage. Aujourd'hui, les chimpanzés brandissent des bâtons et des branches. On les a vus jetant ces bâtons et ces branches contre les babouins qui essayent de leur voler la nourriture ou qui s'approchent trop près des bébés chimpanzés. Ainsi, il semble logique de présumer que les Australopithécidés, êtres plus intelli-gents et capables de façonner de grossiers outils de pierre, ont également fabriqué des gourdins de bois, des lances, des poin-çons et d'autres outils à pointe aiguë.

Les armes constituaient certainement pour eux un besoin vital. Les Austra-lopithèques vivaient sur le sol et devaient lutter contre un grand nombre de carni-vores dangereux. Il est également possible qu'ils aient utilisé le bois dans un but tout à fait différent : ils ont pu brandir des branches pour célébrer l'arrivée de la pluie, tout comme les chimpanzés le font aujourd'hui.

Le grandiose spectacle naturel formé par un orage a pu suggérer aux Australopithécidés de danser en agitant des branches en l'honneur de la pluie.

Une petite bande d'Australopithécidés marche lentement en quête de nourriture dans une prairie fertile d'Afrique : ils recherchent surtout les graines et les tubercules,

mais aussi les larves, les lièvres, les tortues, les oisillons, les œufs d'autruche. Ils obtenaient sans doute une grande partie de la nourriture par cette quête hasardeuse.

La vie paisible
des premiers hominidés

Somnolant dans la chaleur de midi à l'Équateur, un Australopithecus *mâle se repose contre un arbre pendant que deux femelles s'occupent d'un jeune.*

S'éduquant tout en jouant, quatre jeunes espiègles se pourchassent l'un l'autre autour d'un acacia dans la savane africaine.

On ignore généralement que les êtres extrêmement primitifs disposent de larges loisirs. Il en était sans doute de même pour les Australopithécidés. Leur champ d'actions était limité, et leurs rares besoins se trouvaient facilement satisfaits dans un climat chaud et un milieu favorable. Lorsque la nourriture était abondante à longueur d'année, ils n'avaient plus qu'à paresser des heures entières.

Ce trop grand temps libre conduisit naturellement à un certain développement de relations sociales complexes entre les membres des groupes. A mesure que leur intelligence se développait, les rapports devenaient plus profonds et plus élaborés. En même temps, les périodes d'enfance et d'adolescence devenaient de plus en plus longues pour les jeunes qui devaient assimiler plus à fond les mœurs d'une société d'une complexité croissante afin de s'y adapter. Ces tendances, héritées de nos ancêtres anthropoïdes, ont joué un rôle important dans l'évolution des Australopithécidés jusqu'à l'homme.

Repos nocturne dans la sécurité des arbres

L'un des mystères de l'existence des Australopithécidés a trait à la manière dont ceux-ci passaient la nuit. Au début de leur accoutumance à la vie au sol, ces créatures se cantonnaient peut-être à la lisière des forêts, dans la bande de terrain boisé qui reliait le lac à la rivière; pour la nuit, elles se retiraient dans les arbres. Les futaies constituaient un refuge car les grands félins et les hyènes devaient prélever leur butin sur *Australopithecus* durant la nuit, comme ils le font encore aujourd'hui sur les animaux de la savane. Les Australopithèques grimpaient probablement sur toutes les espèces d'arbres dont les branches pouvaient supporter leur poids. Un arbre avec une branche maîtresse et d'autres plus petites qui s'y rattachaient pouvaient constituer une niche confortable; l'Australopithèque a peut-être cueilli des herbes et des feuilles pour se fabriquer un nid temporaire. Ses deux parents les plus proches, le chimpanzé et le gorille, agissent ainsi et l'on n'observe jamais chez eux les callosités de la partie postérieure, caractéristiques des singes qui dorment assis sur une fourche d'arbre.

Plus tard, après quelques millions d'années d'expérience de la vie au sol au cours desquelles leur cerveau s'était considérablement développé et qu'un rudiment de culture apparaissait, les Australopithécidés entreprirent sans aucun doute de se construire des abris grossiers dans les buissons épineux. Ces broussailles devaient les protéger contre les prédateurs nocturnes et leur procurer un meilleur confort que les arbres.

Tandis que les derniers feux du soleil couchant embrasent le ciel, des Australopithécidés quittent les

...ombres dangereuses qui s'étendent sur la plaine africaine pour rechercher la sécurité dans les arbres. Là ni le léopard, ni le lion en chasse, ne pouvaient les atteindre durant la nuit.

Chapitre deux :
Le témoignage des pierres et des os

Un superbe crâne de femelle africanus *a été découvert par Robert Broom en Afrique du Sud; seuls manquent les dents et la mâchoire inférieure.*

Combien de fois vous ai-je répété que lorsque vous avez éliminé l'impossible, ce qui reste, aussi improbable soit-il, doit être la vérité. — Sherlock Holmes.

L'étude de l'homme préhistorique repose évidemment sur celle de ses restes fossiles. Après les avoir découverts, il nous faut les interpréter et les dater. Des hypothèses parfois séduisantes ou étranges se dessinent peu à peu mais elles ne peuvent se concrétiser qu'après une datation valable des divers éléments.

L'histoire de l'évolution peut se comparer au dépoussiérage d'une très vieille tapisserie. L'homme moderne a sa place à la partie supérieure du canevas et ses premiers ancêtres se trouvent à sa partie inférieure. L'ensemble est vétuste et fragile. Il faut décaper prudemment chaque morceau par un travail de longue haleine. Un détail peu à peu mis au jour ne livrera sa signification qu'après le nettoyage des zones voisines. A mesure que l'on descend vers le bas de la tapisserie, on peut trouver des trous ou des parties trop effacées pour être intelligibles. C'est ainsi que chaque fossile ne s'ordonne que par rapport à l'ensemble, d'où la nécessité de situer chaque fragment à sa place dans le temps.

Le problème de l'ancienneté, c'est-à-dire de la datation, est résolu de trois manières. La première concerne la géologie, qui est l'étude des terrains eux-mêmes. C'est cette science qui étudie l'emplacement, la dimension et la nature des diverses espèces de roches qui constituent les couches superficielles de l'écorce terrestre : argile, schiste, sable, lave, calcaire et autres ainsi que leurs rapports entre elles. La géologie nous apprend que certains processus, tels que l'érosion ou l'accumulation des couches d'argile au fond de la mer et leur compression ultérieure en roche sous l'effet des pressions et de la chaleur, s'effectuent à un rythme mesurable ; nous savons que ces processus se sont déroulés dans le passé à des vitesses comparables. L'analyse de ces couches est le domaine d'une autre discipline scientifique, la stratigraphie ; elle procure une physionomie générale de l'histoire de la terre. A partir de là, les fossiles que l'on découvre dans les diverses structures rocheuses peuvent être classés par ordre d'ancienneté.

La seconde méthode de datation est l'étude des fossiles eux-mêmes. Ceux-ci ne sont pas identiques dans les différentes couches. Ils évoluent avec le temps et, ainsi, nous disposons d'indices pour les classer, particulièrement lorsque nous possédons une séquence chronologique. Ainsi, nous connaissons très bien par l'étude de ces fossiles l'évolution du cheval. Au cours d'une période s'étendant sur 60 millions d'années, le cheval a évolué d'un animal à quatre doigts et de la taille d'un chat jusqu'à la grande espèce actuelle à un doigt. Les nombreuses formes fossiles intermédiaires du cheval, découvertes dans différentes couches géologiques, nous en racontent l'histoire très clairement. Tout autre animal ou plante fossile qui se rencontre enfermé dans la même couche que l'une de ces formes de cheval fossile peut être considéré comme ayant le même âge. Une fois un fossile daté, on l'utilise pour aider à dater le suivant, et ainsi de suite.

En comparant constamment et en ajustant d'énormes quantités de roches et de témoignages fossiles, les scientifiques ont pu reconstituer une chronologie assez détaillée du passé. Mais, dans cette chronologie, les dates absolues, c'est-à-dire l'indication des années, font défaut.

Il existe une troisième technique pour fixer la datation absolue. On utilise la vitesse de désintégration s'opérant constamment dans certains éléments radioactifs qui, au cours des temps, se transforment en une autre matière. Cette désintégration, dans le radium par exemple, consiste en une transformation progressive du radium en plomb. Puisque nous connaissons le rythme régulier de cette transformation, il sera possible, grâce à des techniques de laboratoire, de déterminer l'âge d'un morceau de radium en mesurant quelle est sa proportion actuelle de radium et de plomb. Une autre substance radioactive à très longue période est le potassium 40. Ce corps est particulièrement utile parce qu'on le rencontre dans les laves et les cendres volcaniques. Ainsi, les fossiles que l'on découvrira dans des roches volcaniques, ou enserrés entre deux couches de lave, pourront être datés avec une remarquable précision (*).

Disposant ainsi d'une horloge valable pour la mesure du temps, nous pouvons maintenant revenir aux fossiles de primates pour répondre à cette question primordiale : comment allons-nous classer séparément les singes, les anthropoïdes et les hommes? Actuellement, aucun problème ne se pose plus au niveau des espèces modernes. Celles-ci ont toutes suffisamment évolué au point de ne plus se confondre. Mais, puisque toutes ont un ancêtre commun, il s'ensuit que plus nous remontons dans le temps, plus les fossiles se ressembleront. Il arrivera finalement un point où on ne pourra plus les distinguer. C'est pourquoi il faut tenter de reconstruire l'arbre généalogique des primates fossiles afin de retracer ultérieurement la ligne ascendante directe des hominidés.

Dans notre essai de classification des singes, des anthropoïdes et des hominidés fossiles, nous nous attacherons particulièrement aux différences existant dans les mâchoires et les dents, parce que ces organes se fossilisent très bien et que ce sont souvent les seuls vestiges que nous possédons. Les dents constituent de loin les parties les plus dures et les plus durables du corps. Les dents restent toujours reconnaissables, même lorsqu'elles sont déformées et tachées après des millions d'années

de séjour dans le sol. Les os sont beaucoup plus fragiles. Parfois, ils sont bien préservés et peuvent supporter le lent décapage effectué par les fouilleurs pour les arracher à la gangue rocheuse qui les enveloppe. Le premier crâne de Taung découvert par Raymond Dart était assez solide pour que ce savant consacrât plusieurs mois à en dégager soigneusement la face. Ce travail demanda quatre ans avant que Dart pût dégager les mâchoires et enfin examiner la surface des dents.

Certains os fossiles ne sont pas aussi résistants. Ils tombent en poussière dès qu'on les dégage de leur gangue. Il est parfois nécessaire de leur injecter un liquide plastique adhésif afin d'assurer la cohérence de l'os jusqu'à ce qu'il puisse être extrait de la roche environnante.

Qu'ils soient pétrifiés ou réduits en poudre, les fossiles se distinguent de la roche qui les contient. Les experts les remarquent instantanément et ils possèdent une habileté phénoménale pour les identifier. Tout spécialiste, par exemple, reconnaît d'un coup d'œil une molaire de singe d'une molaire d'anthropoïde ou d'homme. Les cuspides, ou tubercules, qui figurent sur la surface de mastication (surface occlusale) d'une dent de singe sont au nombre de quatre, disposées par paires, deux à deux; les dents des anthropoïdes ou des hommes fossiles possèdent une disposition à cinq cuspides sur les molaires. Fait important, celles-ci ne sont pas nettement disposées de façon symétrique mais adoptent une position caractéristique en Y à cinq cuspides. Y-5 est une condition primitive qui

(*) Entre le carbone 14 (utilisable jusqu'à 50 000 ans) et le potassium 40 (à partir d'un million d'années) subsiste un « hiatus » de 900 000 ans, qui intéresse une période essentielle de l'homonisation (*Homo erectus*, les Néanderthaliens et les ancêtres directs de l'homme moderne). Le Dr Barda, de l'Institut d'océanographie Scripps (Californie), a récemment utilisé une propriété des acides aminés *(voir pages 132-133)* qui est de dévier vers la gauche la lumière polarisée tant que l'organisme est vivant. Après leur mort, les molécules font progressivement dévier la lumière à droite. Des mesures de la déviation au polarimètre permettent de calculer l'ancienneté du fossile. Cette méthode aurait été testée avec succès sur des os d'âge connu. (N.d.t.)

se retrouve chez l'ancêtre commun aux anthropoïdes et aux singes. Ainsi, si l'on découvre un fragment de mâchoire vieux de 15 millions d'années auquel adhèrent encore deux molaires à quatre cuspides, il s'agira d'une mâchoire de singe et non d'une mandibule d'anthropoïde ou d'hominidé. Ces deux dernières doivent posséder, en effet, la disposition primitive à cinq cuspides en Y.

Cette caractéristique est utile pour esquisser les grandes lignes de l'arbre généalogique des primates, mais c'est une preuve négative: Cela ne nous indique pas où s'opère l'embranchement singe-anthropoïde. Nous en déduisons seulement que cette bifurcation est antérieure à 15 millions d'années. Mais antérieure de combien d'années? Hélas, nul fossile jusqu'ici ne peut nous le dire. Pour obtenir de meilleures précisions sur la date exacte de cette séparation, il nous faudra découvrir des dents à quatre cuspides du type singe les plus anciennes, puis d'autres encore plus vieilles et corriger plusieurs fois, à chaque découverte, notre schéma de l'arbre généalogique. De plus, nous rencontrons un problème qui découle des processus mêmes de l'évolution. Le dialogue imaginaire suivant donnera une idée de la difficulté :

— Ces différences dans les cuspides dentaires que vous décrivez s'appliquent à un fossile vieux de 15 millions d'années, mais que dire des époques antérieures? Ne vous heurterez-vous pas finalement à un stade où les dents du singe commencent à ressembler de plus en plus à la disposition ancestrale à cinq cuspides?

— Oui, c'est exact.

— Lorsque vous aurez découvert quelque chose de plus, pourra-t-il s'agir ou non d'une 5e cuspide?

— Oui.

— Alors, comment appellerez-vous ce fossile, un anthropoïde ou un singe?

— Lorsque nous aurons remonté aussi loin dans le

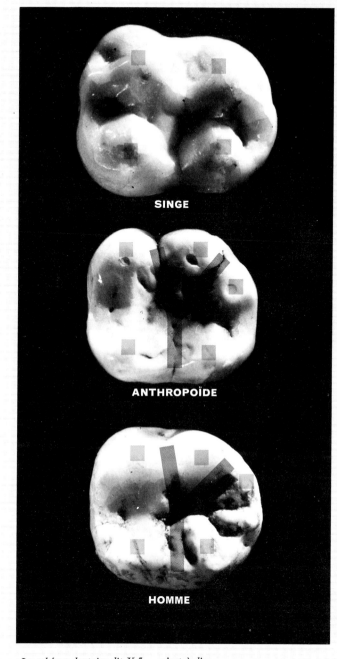

SINGE

ANTHROPOÏDE

HOMME

Le schéma dentaire dit Y-5 — c'est-à-dire des molaires à 5 cuspides (carrés verts) séparées par une fissure en forme d'Y — constitue une marque distinctive des hominidés et des anthropoïdes par rapport aux molaires des singes. En effet, les molaires des singes n'ont jamais plus de 4 cuspides et ne possèdent jamais de fissure en forme d'Y.

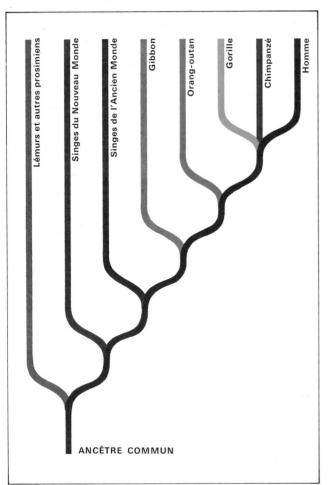

ANCÊTRE COMMUN

L'homme et tous ses cousins primates descendent d'un ancêtre commun, petit mammifère qui ressemblait à un rat. Tout d'abord, le lémur et les autres prosimiens se sont différenciés, puis les singes eux-mêmes formèrent une branche qui évolua d'une part dans le Nouveau Monde, et d'autre part dans l'Ancien. C'est de ce dernier groupe que proviennent les anthropoïdes. La première espèce qui se sépara du tronc primitif des anthropoïdes fut le gibbon; puis vint le tour de l'orang-outan. Un troisième embranchement d'anthropoïdes donna le gorille, le chimpanzé, et enfin l'homme.

— Alors, vous me demandez de définir le jour où une mère-singe donna naissance à un enfant anthropoïde. Ce jour n'a jamais existé. Il s'agit en fait d'une très longue période pendant laquelle ont vécu des populations d'ancêtres présentant un mélange confus de caractéristiques de singes et d'anthropoïdes. En ce temps-là, certaines variations locales commencèrent à apparaître d'une population à l'autre, en réponse à de légères différences survenues dans le milieu naturel ou dans le régime alimentaire. Même si nous possédions un jour des séries complètes de fossiles, deux millions de spécimens par exemple, représentant plusieurs millions d'années d'évolution, jamais nous ne pourrions déceler un animal qui, le premier, aurait pu être dénommé singe ou anthropoïde.

— Dans ces conditions, si vous dressez des arbres généalogiques, vous ne pourrez pas fixer avec une extrême précision l'emplacement des différentes branches?

— Non, c'est impossible. Nous pouvons seulement indiquer dans la population générale d'une branche l'apparition, au cours des temps, de certaines différences qui reflètent une modification du milieu naturel ou des habitudes alimentaires de l'espèce. Suivant que les régions naturelles d'habitat favorisent les communications, émigrations et échanges entre populations d'une même espèce (cas des plaines par exemple) ou, au contraire, que des obstacles existent (chaînes de montagnes, déserts étendus, bras de mer), les divers groupes se croiseront ou resteront isolés génétiquement. Dans ce dernier cas, les différences s'accentueront rapidement et deux espèces distinctes apparaîtront bientôt là où une seule existait. L'émergence des dents à quatre cuspides chez certains primates résulte de ce processus. Elle reflète une variété de styles de vie comparable à celle que l'on observe aujourd'hui chez les diverses espèces de singes et d'an-

temps, nous disposerons probablement d'autres éléments concernant la dimension, la forme ou le nombre des dents, et cela nous aidera parce que les dispositions de cuspides dentaires ne sont pas les seules caractéristiques qui ont évolué dans la denture de la lignée des primates. Si nous sommes assez heureux pour découvrir d'autres ossements, notre travail d'identification en sera d'ailleurs facilité. En effet, les os de l'épaule d'un singe, par exemple, sont tout à fait différents de ceux d'un anthropoïde. Ce dernier peut donner à son bras une amplitude de mouvement bien supérieure à celle du singe.

— Très bien, mais si vous continuez à remonter dans le temps, ne rencontrerez-vous pas un animal chez lequel aucune de ces caractéristiques ne sera réellement discernable?

— Oui, sans doute...

— Et alors?

thropoïdes.

Voilà en résumé la manière dont se forment les espèces, chez tous les êtres vivants, singes et hommes compris. Peut-être au cours des années à venir, découvrirons-nous un nombre suffisant de dents et de mâchoires pour reconstituer une lignée en notant l'évolution des cuspides jusqu'à leur origine. Nous pourrons alors, en nous appuyant sur les autres indices fournis par les crânes et les squelettes, définir le moment où les anthropoïdes et les singes se sont séparés et dessiner avec une fiabilité suffisante l'arbre généalogique des primates.

Reconstituer la séparation qui s'est produite à une époque entre les singes et les anthropoïdes est aussi important pour l'histoire de l'évolution de l'homme que la bifurcation plus récente anthropoïdes-hominidés. Il faut étudier tous les maillons de la chaîne évolutive des primates. Remontons donc à 75 millions d'années, à une époque où se faufilait dans les broussailles de la forêt tropicale un tout petit mammifère insectivore ayant l'allure et la taille du rat.

Ces tupaïdés devinrent progressivement arboricoles pour des raisons de concurrence et de nourriture. Les musaraignes d'aujourd'hui qui en descendent restent à peu près identiques. D'autres se sont radicalement transformés : ils ont donné les prosimiens, ancêtres des primates, puis les singes, les anthropoïdes, et enfin les hominidés.

Le fait que certains tupaïdés aient évolué et non pas d'autres peut s'expliquer par l'influence du milieu. La nature est conservatrice : elle tend à produire la forme la mieux adaptée à chaque milieu naturel particulier. Les individus qui s'écartent de ce modèle de l'espèce sont porteurs de gènes récessifs. Ils ne seront fertiles qu'en s'unissant à un partenaire également doté de ces gènes. Mais eux et leurs descendants resteront stériles lorsqu'ils s'accoupleront à des individus dépourvus de ces gènes récessifs.

C'est pourquoi, dans l'espèce humaine, certains gènes récessifs sont réactivés aujourd'hui encore au hasard des générations. Des enfants naissent atteints d'une malformation cardiaque, par exemple. Ils meurent immédiatement.

Fort heureusement, des cas aussi graves sont rares. Malgré des inconvénients apparents, un potentiel minimal de variations subsiste dans chaque espèce, afin de répondre aux changements de milieu ou aux imperfections du modèle élaboré par l'évolution. C'est ainsi qu'un gène qui détermine aujourd'hui un caractère nuisible pour une espèce sera peut-être demain vital pour la conservation de celle-ci.

Les primates illustrent très bien ces deux forces antagonistes qui composent l'évolution : la tendance vers le mouvement et la tendance vers la stabilité. Certains des insectivores ancestraux ont pu évoluer, et très lentement, alors que d'autres se transformaient plus rapidement. Les facteurs qui déclenchent ce degré d'évolution variable ont pu être extrêmement subtils : peut-être vit-on apparaître des tupaïdés légèrement plus intelligents ou un peu plus robustes, ou des individus qui étaient légèrement mieux doués pour attraper un insecte ou pour attirer une femelle sur la branche voisine. Au cours d'une longue période de temps, et dans certains endroits, de meilleurs tupaïdés apparurent. En réponse à une forme évolutive qui fut encouragée par leur vie arboricole, ces animaux commencèrent à se modifier assez rapidement. Le saut et la suspension étaient de meilleurs moyens de se déplacer avec plus de sûreté et de rapidité dans les branches, par rapport au trottinement de rongeurs des formes précédentes. Ainsi, les pattes postérieures s'allongèrent. Les griffes des pattes antérieures devinrent progressivement les ongles plats qui sont aujourd'hui caractéristiques de tous les primates. Les quatre pattes commencèrent à se transformer en mains. Les doigts s'allongèrent et s'assouplirent, tandis qu'ils développaient à leurs extrémités une sensibilité tactile. Toutes ces innovations améliorèrent grandement l'habileté de ces animaux nouveau modèle à se déplacer rapidement et vivement dans un arbre, à saisir une branche ou à s'emparer d'un insecte rapide ou d'un petit lézard.

A mesure que l'habileté à sauter, à grimper et à saisir se développait chez les tupaïdés, l'importance de l'odorat diminua par rapport à celle de la vision : en effet, un animal qui vit dans le monde tridimensionnel des arbres, et non plus sur le sol plat (à deux dimensions seulement), doit être capable d'apprécier rapidement la distance exacte d'une branche ou celle d'une proie. Conséquence du développement du sens visuel au détriment de l'olfactif, la tête de ce tarsoïde primitif commença à évoluer. Le museau se raccourcit, tandis que le crâne s'arrondissait. Les yeux s'agrandirent et se déplacèrent progressivement pour se rapprocher de l'axe du front; ainsi le champ visuel d'un œil recoupait celui de l'autre, procurant à l'animal une vision binoculaire, c'est-à-dire en relief.

L'acquisition de la vision stéréoscopique entraîna une plus grande habileté à apprécier les distances, par rapport aux créatures dont les yeux sont situés sur les côtés de la tête, comme chez les lapins par exemple. Les lapins doivent savoir déceler vivement les attaques éventuelles surgissant latéralement ou derrière eux, mais ils peuvent se dispenser de voir l'herbe qu'ils mangent, car celle-ci est immobile et l'odorat suffit pour la localiser. Le fait de brouter l'herbe ne requiert pas un haut degré d'intelligence par rapport à la poursuite de proies rapides à travers les arbres. Avec le temps, le crâne de ces tarsoïdes arboricoles en s'arrondissant commença à abriter un cerveau plus important.

En quelque 10 ou 20 millions d'années, ces progrès furent assez avancés pour que l'on puisse identifier un nouveau groupe distinct d'animaux : les primates. Leurs représentants les plus anciens sont les prosimiens (pré-singes) et, comme les tupaïdés, leurs descendants existent toujours. Parmi eux, on compte les lémurs, les lorris, les tarsiers et les galagos. Certains, en particulier quelques grandes espèces de lémurs, ont une allure et un comportement très proches des singes. En supposant que les singes n'aient jamais évolué, on trouverait sans doute encore aujourd'hui des lémurs dans les régions maintenant habitées par les singes.

Malheureusement pour les lémurs, les singes évoluèrent, créant ainsi une branche nouvelle dans l'arbre généalogique des primates. Au début, ils ne furent guère que des super-lémurs tardifs; les différences entre eux et les populations de lémurs classiques étaient encore insignifiantes. Mais, à mesure que l'écart grandissait entre ces espèces, par suite des avantages de survivance dont bénéficiaient les individus évolués, les forêts commencèrent à recéler des descendants de lémurs plus vifs, plus agiles, plus habiles, bref plus évolués qui, finalement, devinrent des singes véritables. Les lémurs eux-mêmes disparurent de nombreuses régions où ils ne purent supporter la concurrence. Les pays où ils survécurent, Madagascar par exemple, sont ceux où les singes sont inexistants et n'existèrent jamais.

Nous pouvons donc tracer une branche très ancienne qui indique le point de séparation entre les singes et les prosimiens. En descendant le long de l'arbre généalogique, on trouve l'embranchement suivant qui, en raison des preuves précédemment expliquées et tirées des cuspides dentaires, marque la divergence entre les singes et les anthropoïdes. Suivons maintenant la branche des anthropoïdes jusqu'au nouvel embranchement. C'est alors que les hominiens vont apparaître. Là encore leur émergence sera décelée en se fondant sur les indices fournis par les dents et les mâchoires.

Lorsqu'on compare une mâchoire de gorille ou de chimpanzé à celle de l'homme moderne, cinq différences immédiates apparaissent. 1) La mâchoire des anthropoïdes est plus grande et plus massive, par rapport à la dimension totale du crâne, que chez l'homme. 2) Les arcades dentaires dessinent un U rectangulaire, les rangées d'incisives formant le devant, toutes les autres dents étant fixées sur deux branches de mandibules parallèles, perpendiculairement à la rangée frontale. 3) Les canines des mâles sont plus longues que les autres dents; lorsque les mâchoires sont fermées, les canines supérieures se logent entre les dents de la mâchoire inférieure et les canines inférieures ressortent vers l'avant. 4) Il existe entre les dents de la mâchoire supérieure des espaces, ou diastèmes, où viennent se loger les canines. 5) La partie supérieure interne de la bouche, le palais, tend à être plate.

La mâchoire humaine ne comporte aucune de ces caractéristiques. Elle est plus petite et plus légère par rapport à la dimension générale du crâne. La partie supérieure du palais est voûtée et non pas plate. Les dents sont à peu près toutes de la même longueur, sans canines démesurées, et la mâchoire supérieure ne comporte plus de diastèmes inutiles. Les mandibules forment non plus un rectangle, mais une courbe parabolique qui va en s'élargissant vers le fond de la bouche.

Connaissant ces différences, revenons maintenant à l'examen du premier crâne d'Australopithécidé découvert par Raymond Dart en Afrique du Sud, et voyons s'il comporte quelques caractéristiques d'hominidé. Ce fut l'aspect des dents du fossile qui convainquit Dart qu'il ne se trouvait en face ni d'un anthropoïde, ni d'un babouin. On n'y voyait ni canines démesurées, ni diastèmes, mais une mâchoire incurvée d'apparence humaine. Ce qui chagrinait les autres spécialistes qui examinèrent le fossile, c'était non pas la mâchoire, mais le reste du crâne; celui-ci était minuscule. Cette étrange mâchoire appartenait à un crâne et à une face qui révélaient un anthropoïde dépourvu de menton et de front; cet être semblait doté d'un cerveau ne dépassant pas non plus celui d'un anthropoïde. Mais réfléchissant que cette créature devait avoir 2 millions d'années, c'est-à-dire plus du double de l'âge de tous les autres hominidés connus, Dart et Broom ne s'étonnèrent pas de rencontrer dans le même fossile ce mélange particulier de caractéristiques mi-anthropoïdes, mi-humaines. Deux millions d'années, estimaient-ils, pouvaient nous ramener très près d'un ancêtre commun à l'homme et à l'anthropoïde. Cet ancêtre pouvait fort bien révéler un mélange de caractéristiques déroutant et inattendu.

La situation devint encore plus confuse lorsque les découvertes successives d'Australopithécidés réalisées par Broom et les autres savants sud-africains laissèrent supposer avec une probabilité croissante que deux sortes d'hommes-singes dressés avaient vécu en Afrique australe. Quelques années plus tard, lorsque l'on disposa d'un certain nombre de fossiles des deux types, une distinction scientifique raisonnée fut effectuée entre eux. On distingue désormais un *Australopithecus robustus* de grande taille et dont le poids devait atteindre 75 kg. L'autre espèce, pesant sans doute de 40 à 50 kg, conserva le nom d'*Australopithecus africanus* que Dart lui avait donné lors de sa découverte.

Cependant, ces deux types de fossiles inquiétaient vivement Broom par un certain point; bien que les datations extrêmement précises restent aujourd'hui encore impossibles en Afrique du Sud, le savant en vint à conclure que certains spécimens de son *robustus* étaient peut-être d'un million d'années plus récents que l'*africanus* de Dart. La question n'eût pas revêtu grande importance, si l'homme-singe le plus récent et le plus grand n'avait pas semblé être le plus archaïque des deux. Ses mâchoires et ses molaires étaient massives, ressemblant moins à celles de l'homme moderne que les mandibules et les dents d'*africanus*.

Se pouvait-il que ce type plus récent et plus primitif fût l'ancêtre de l'homme? Assurément cela n'avait aucun sens. Sa lourde mâchoire et ses fortes dents broyeuses suggéraient que leur possesseur avait été un être végétarien qui mâchait de grandes quantités de feuillages, comme c'est le cas du gorille aujourd'hui. En outre, *robustus* présentait au sommet du crâne sur toute sa longueur un bourrelet osseux. Cette « crête sagittale » existe également chez le gorille actuel : elle sert d'attache aux muscles puissants qu'exige la mastication en force réclamée par le régime alimentaire de cet anthropoïde.

Classer ce primate parmi l'ascendance de l'homme soulevait des problèmes ardus. Nulle créature ne développe brusquement un tel appareil masticatoire spécialisé. On doit présumer que *robustus* avait suivi un chemin évolutif, et cela depuis très longtemps, en direction d'une existence végétarienne spécialisée. L'hypothèse la plus raisonnable était donc qu'il avait persévéré dans ce sens et non pas qu'il s'était brusquement converti à un mode de vie omnivore, qui eût entraîné une diminution de la mâchoire que l'homme devait acquérir quelques centaines de milliers d'années plus tard.

Des dilemmes de ce genre sont extrêmement troublants pour les paléoanthropologistes. On sait que l'évolution n'agit pas avec un tel caprice et une telle rapidité. Il est donc beaucoup plus logique de supposer, puisque nous

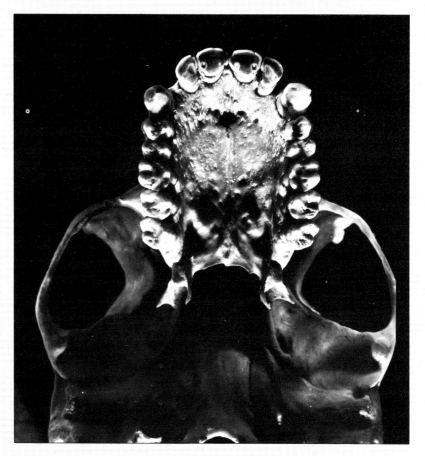

On ne peut confondre une mâchoire supérieure d'anthropoïde (ci-dessus) avec celle d'un hominidé (ci-contre). Dans une mâchoire d'anthropoïde, celle-ci étant une mâchoire de chimpanzé-nain moderne, l'arcade dentaire adopte une forme en U de telle sorte que les deux rangées de molaires forment des lignes quasi parallèles; les quatre incisives de devant sont séparées des autres dents, laissant un espace, ou diastème, où viennent se loger les fortes canines que possèdent tous les singes anthropoïdes mâles.

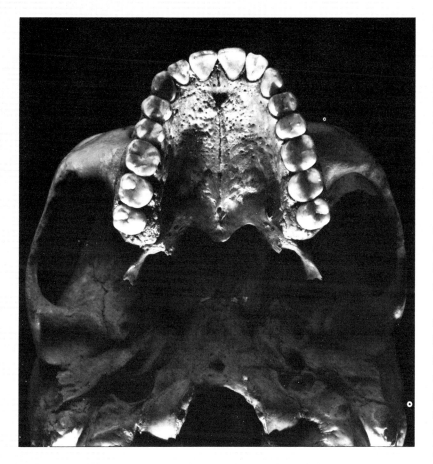

La mâchoire humaine n'est pas rectangulaire mais en forme de V ; les dents forment un arc qui s'élargit vers l'arrière de la bouche. En raison de la petite taille des canines humaines, aucun diastème n'est plus nécessaire sur la mâchoire, et toutes les dents de l'homme se touchent. Les molaires de l'homme sont plus volumineuses par rapport aux incisives que le sont les molaires d'anthropoïdes (ci-contre). La mâchoire humaine est également plus courte, et le prognathisme (projection de la face vers l'avant, par rapport à la base du crâne) fait défaut.

savons que l'homme est omnivore depuis au moins 750 000 ans, qu'il a probablement acquis ce mode de vie depuis une époque très antérieure. Broom espérait résoudre son dilemme en découvrant quelques caractéristiques nettement humaines chez l'un de ces deux hommes-singes fossiles d'Afrique du Sud. Lui-même et ses collaborateurs recherchèrent pendant des années des outils de pierre, espérant en trouver associés avec l'un ou l'autre, soit *robustus,* soit *africanus.* Pendant longtemps, ils ne devaient en découvrir aucun.

C'est alors qu'une nouvelle venue du Nord éclata comme une bombe : le Pr Leakey avait découvert un crâne et des outils dans la gorge d'Olduvai. Mais, ô déception, la trouvaille de Leakey était un type d'*Australopithecus* « super-robuste » qu'il baptisa *Zinjanthropus boisei.*

Pendant quelque temps, cela parut clore la discussion ; une créature qui n'avait presque rien d'humain paraissait être un ancêtre immédiat de l'homme. Les spécialistes devaient s'en contenter mais, comme le cas est fréquent en recherches préhistoriques, le problème se présente du mauvais côté. Prenez l'affaire par l'autre bout et, avec l'aide de quelque nouvelle preuve ou d'un nouvel examen des fossiles précédents, la question prend forme. Dans le cas des fouilles d'Olduvai, ce revirement se produisit presque subitement. Un an seulement après la découverte de leur premier crâne, les Leakey en exhumaient un second. Celui-ci avait le même âge : 1 750 000 ans, mais il était du type *gracilis,* et même plus humain que les spécimens *gracilis* découverts en Afrique du Sud. En fait, le fossile de Leakey était assez humain pour qu'on pût le classer à part des Australopithécidés. Il estima qu'il ne s'agissait plus en l'occurrence d'un homme-singe, mais d'un homme véritable qui méritait d'être classifié dans le genre *Homo.* Leakey baptisa sa trouvaille *Homo habilis,* homme habile, parce qu'il avait su se servir d'outils.

Il semble aujourd'hui parfaitement prouvé que *habilis*, et non l'Australopithèque « super-robuste » *boisei,* utilisait effectivement des outils. Ultérieurement, les Leakey exhumèrent à Olduvai un certain nombre de fragments d'*habilis* de différents âges, qui démontraient assez bien que ce type avait vécu à cet endroit pendant plus de 500 000 ans, et qu'il faisait usage du même genre d'outils primitifs pendant cette période. En outre, il avait lentement évolué jusqu'à ressembler de très près à *Homo erectus.* La découverte ultérieure de fossiles d'*erectus,* toujours à Olduvai, et qui furent datés d'une période s'étendant d'un million d'années, ou plus, à moins de 500 000 ans de nous, donnait sérieusement à penser que cette dernière forme était issue de la précédente.

Cependant, *Homo habilis* ne gagna ni son rang ni son nom si aisément. C'était un être primitif et à faible cerveau. De nombreux anthropologues préféraient le classer comme un type avancé d'*Africanus gracilis* qui ne méritait pas le statut *Homo.* Son droit à figurer en tant qu'espèce distincte fut remis en question dès le jour où on le baptisa. Il fallut attendre des découvertes ultérieures pour qu'on lui attribuât le statut *habilis.*

Est-il justifié de placer *habilis* sur l'arbre généalogique à un nouvel embranchement? Tout dépend de la façon dont on le considère. S'il représente une nouvelle espèce descendante de quelque type d'Australopithécidés ar-

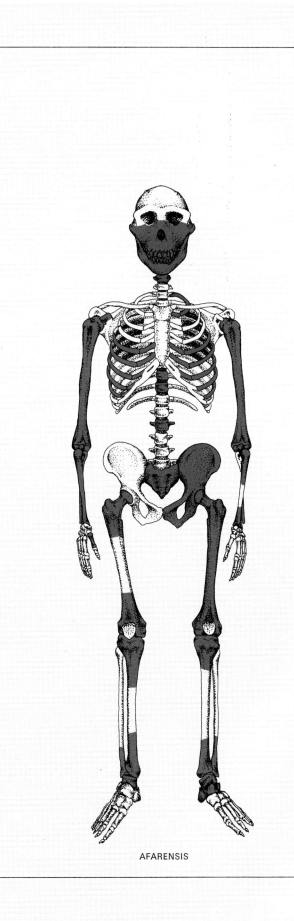

On voit ici les squelettes de trois types d'Australopithécidés reconstitués à partir d'ossements fossiles (en couleurs) qui ont été exhumés jusqu'à présent. Presque complets, les restes fossiles d'afarensis témoignent de la richesse des trouvailles réalisées près d'Hadar, en Éthiopie, notamment le squelette de « Lucie ». Afarensis est le plus ancien, le plus primitif et le plus méconnu des trois. On connaît mieux ses descendants, africanus et robustus, d'après les fouilles qui ont été faites dans diverses grottes d'Afrique du Sud.

AFARENSIS

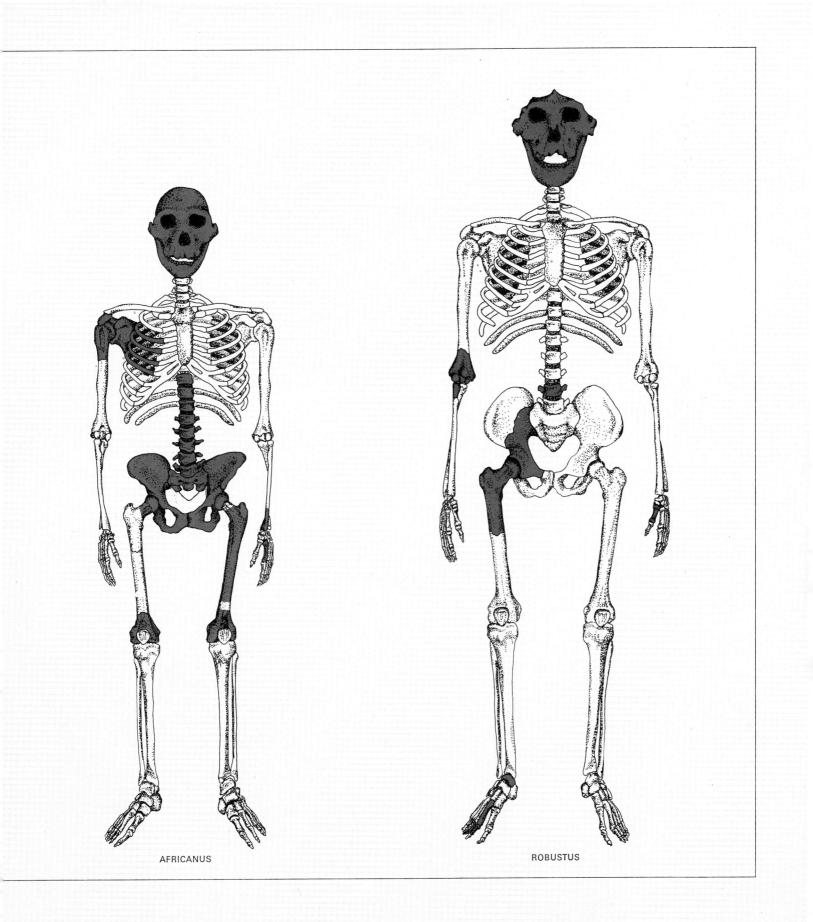

AFRICANUS   ROBUSTUS

chaïque (c'est-à-dire si la lignée des Australopithécidés se poursuit toujours), il faut alors dessiner un embranchement. Mais, si *halibis* est un descendant direct et normal des Australopithécidés (c'est-à-dire si ces derniers tendent à disparaître vers l'époque de son apparition, la lignée reste directe), cela signifie simplement qu'*habilis* a évolué lentement d'un type à l'autre. En raison de trouvailles récentes, que nous évoquerons plus loin, on estime désormais qu'*habilis* appartient à une espèce descendante et qu'il convient de tracer un nouvel embranchement, car les Australopithécidés, loin de disparaître dès son apparition, se sont perpétués sous deux autres formes au moins pendant un million d'années encore.

Malheureusement, cette façon d'envisager *habilis,* si elle le différencie des Australopithécidés, ne résout pas la question de savoir si *habilis* est homme ou non. Lorsqu'on le compare aux êtres plus évolués qui lui succédèrent, il semble à peine humain. Mais, par rapport aux Australopithécidés plus archaïques qui l'ont probablement précédé, ses qualités humanoïdes sont soudain mises en évidence. Ce changement de perspective assez déconcertant se produit chaque fois qu'on examine une séquence de fossiles qui sont les descendants directs d'un ancêtre commun. Par conséquent, où allons-nous tirer la ligne de démarcation ?

Cette question embarrassante qui revient sans cesse illustre en fait un faux problème. Puisque tous les êtres sont des faisceaux de caractéristiques, dont la plupart peuvent évoluer à des rythmes différents, vouloir tracer une ligne en tenant compte de ces caractéristiques engendrera toujours des difficultés, comme nous allons l'expliquer dans ce qui suit.

L'anatomiste britannique sir Arthur Keith décida de tracer la ligne au point où la capacité cervicale atteint 750 cm³. Selon Keith, aucun des cerveaux inférieurs n'était humain et tous ceux qui dépassaient ce seuil appartenaient à un homme, l'*Homo sapiens,* se situant dans la fourchette 1 200 à 1 600 cm³. Plus récemment, un autre Anglais, sir Wilfred Le Gros Clark, fixa le minimum à 700 cm³. Le choix de Clark, à la différence de celui de Keith, n'était pas arbitraire. Il reflétait simplement l'état des fossiles disponibles à l'époque. On ne connaissait alors aucun crâne humain dont la capacité fût inférieure à 700 cm³. Mais cette doctrine risquait de s'effondrer le jour où un hominidé possédant un cerveau légèrement plus faible serait un jour découvert. Où le classerait-on alors ? Et si un second crâne encore plus faible apparaissait, qu'en ferait-on ?

C'est exactement ce problème qu'*habilis* posa aux scientifiques. La difficulté rencontrée pour dire s'il s'agissait d'un homme ou non provenait de ce que le spécimen type, le premier qui avait été découvert et baptisé par Leakey, possédait une capacité crânienne de 657 cm³, c'est-à-dire juste en dessous de la limite. Depuis lors, trois autres crânes assez semblables, provenant d'Oldevai, ont été mesurés par deux experts, Phillip V. Tobias, anatomiste d'Afrique du Sud, et Ralph Holloway qui appartenait à l'université Columbia à New York. Les résultats qu'ils obtinrent concordaient de façon étonnante; ils se rangeaient dans la gamme de 600 à 684 cm³, la moyenne étant d'environ 642 cm³. Était-ce trop peu pour un cerveau humain ? C'était certainement trop pour qu'il s'agisse d'un Australopithécidé gracile typique d'Afrique du Sud, dont la capacité cérébrale moyenne ne dépasse pas 450 cm³.

Puisque la capacité du cerveau, la forme des dents ou la longueur des jambes évoluent d'une manière déconcertante à des vitesses différentes, il devient assez difficile de définir une espèce en se basant uniquement sur de telles caractéristiques.

Néanmoins, la classification et la dénomination restent nécessaires. Le meilleur moyen de résoudre ce problème peut être de fixer une date du passé plutôt qu'un éventail de traits physiques, pour marquer la frontière entre des espèces nouvelles. Il faut malgré tout souligner que cette méthode déroutera toujours les classificateurs en raison de l'effacement progressif de certaines caractéristiques, au cours des temps.

Où finalement classerons-nous *habilis*? Il semblerait qu'il se situât à cheval sur la frontière de l'humanité. Le débat concernant sa classification commença le jour de sa découverte en 1960 et, en 1970, il se poursuivait encore. La difficulté provenait du fait qu'on ne pouvait le classer suivant ses caractéristiques physiques. En outre, il n'existait aucun autre élément de comparaison. Un seul crâne de cet étrange Australopithèque super-robuste provenant d'Olduvai existait en face de toute une série de fossiles sud-africains non datés. Derrière *habilis*, plus loin dans le temps, nous ne voyons rien. Nous ignorions tout de ce qui l'avait précédé. Bien que de l'avis de Broom les fossiles d'Afrique du Sud fussent probablement plus âgés, cette hypothèse restait absolument impossible à prouver.

Cette absence complète de témoignages antérieurs à 2 millions d'années était d'autant plus surprenante que l'on savait que deux espèces d'Australopithécidés avaient vécu en Afrique du Sud. Jusqu'à leur découverte, l'opinion de la majorité des savants était traditionnellement qu'une seule espèce d'hominidés à station verticale avait jamais vécu à n'importe quelle époque sur le globe. Nous ne connaissons actuellement qu'une seule espèce d'hommes et on présumait que l'évolution et la concurrence avaient toujours porté sur cette espèce unique. Mais, à mesure que l'on découvrait des fossiles en nombre croissant en Afrique du Sud, cette théorie perdait de sa valeur. Les types *robustus* et *gracilis* différaient suffisamment pour laisser penser qu'ils représentaient deux espèces bien distinctes.

Une question se pose : deux hominidés à station verticale ont-ils pu exister simultanément? Les fossiles d'Afrique du Sud ne permettent pas d'y répondre. Mais, si nous revenons à Olduvai et que nous examinons les deux types qui y ont été découverts, une surprise nous attend. Le spécimen « robuste » d'Olduvai est si nettement « robuste » qu'on ne peut absolument pas le confondre avec *habilis* qui est, lui, extrêmement « gracile »; or, ces deux êtres si différents ont vécu à la même époque.

L'ennui venait du fait que nous ne possédions qu'un seul crâne de la grande espèce d'Olduvai. Était-ce un simple individu dégénéré? Ou représentait-il encore une autre espèce d'hominidés?

Tel était le contenu de la question vers le milieu des années soixante : l'ancienneté de l'homme était repoussée jusqu'à 2 millions d'années environ, époque à laquelle un *Homo* fabricant d'outils et dénommé *habilis* était apparu en Afrique orientale. Contrairement à l'opinion des Leakey, qui l'avaient découvert, d'autres savants concluaient qu'*habilis* descendait sans doute d'*Australopithecus africanus*. Mais, tant que le problème de datation concernant ce dernier ne serait pas résolu, il n'existerait aucune certitude à ce sujet. Les spécialistes se trouvèrent confrontés à l'éventualité d'admettre l'existence d'au moins quatre espèces différentes d'hominidés en Afrique : une grande et une petite espèce qui avaient vécu à Olduvai, et une grande et une petite espèce provenant d'Afrique du Sud, et dont la parenté et les rapports exacts restaient à définir. Quel fatras anthropologique n'en résulterait-il pas!

Il n'existait qu'un seul moyen d'éclaircir la situation, c'était de décaper encore davantage la boue de la tapis-

Découvert en 1974 dans le Triangle Afar en Éthiopie par Donald Johanson, paléoanthropologue américain, ce squelette est vieux de 3 millions d'années. On considère qu'il représente une nouvelle espèce : Australopithecus afarendis. Son ossature, composée de plus de 100 fragments d'os, représente 40 p. cent du squelette, ce qui est remarquable.

serie, c'est-à-dire de découvrir de nouveaux fossiles, de mieux dater ceux que nous possédions et de remonter plus loin dans le passé. Dans l'espoir d'éclaircir ces problèmes, une expédition internationale fut organisée en 1967 et partit fouiller la région d'Omo, au fond de l'Éthiopie, pour y rechercher des fossiles d'hominidés.

Trente-cinq ans auparavant, le Français Camille Arambourg avait déjà découvert à Omo une riche faune d'animaux fossiles rappelant ceux d'Olduvai. Comme Olduvai, Omo se trouve situé dans la Rift Valley, profonde faille volcanique et aride barrant l'Afrique du nord au sud, et parsemée d'anciens lits de rivières dont les falaises sont dénudées par l'érosion. La gorge d'Olduvai est asséchée depuis longtemps, mais la rivière Omo, en Éthiopie, descend des montagnes et se jette au sud dans le lac Turkana au Kenya. Jadis appelé lac Rodolphe, celui-ci, au cours de quatre millions d'années, s'est vidé et rempli à deux reprises. Ses eaux couvrent actuellement quelque 300 kilomètres et au-delà de ses berges s'étendent des régions à peu près inexplorées.

Olduvai et Omo, pays volcaniques, recèlent des couches de cendres précieuses pour la datation des fossiles grâce à la méthode du potassium-argon. L'ensemble constitue un véritable calendrier dont les plus anciens feuillets occupent les niveaux géologiques les plus profonds. A l'époque des hominidés, ces pays, aujourd'hui désertiques, formaient des zones semi-forestières, ou savanes arborées, en bordure de cours d'eau, que hantait une faune particulièrement riche. C'était un milieu de prédilection pour les hominidés.

A Olduvai, les couches volcaniques datables s'étendent sur une période comprise entre 2 millions et 1,8 million d'années, et leur épaisseur est d'environ 30 mètres.

A Omo, les couches atteignent 700 mètres de dénivellation au total et, par suite des bouleversements locaux de l'écorce terrestre, les couches les plus anciennes affleurent en biseau à la surface du sol actuel. La chronologie d'Omo prend la suite dans le passé de celle d'Olduvai. Elle s'échelonne entre 2 et 4 millions d'années.

Les membres de l'expédition de 1967 arrivèrent sur cette terre promise en fondant de grands espoirs. Camille Arambourg choisit la zone où il avait déjà travaillé précédemment et qu'il savait être productive. Une deuxième équipe dirigée par l'Américain Clark Howell, de l'université de Californie, s'établit à peu de distance en amont sur la rivière Omo afin de fouiller une région jusque-là inexplorée. Le 3e groupe, placé sour la direction de Richard Leakey, fils du regretté L.S.B. Leakey, décida de commencer ses recherches dans un site vierge sur l'autre rive, en face de Clark Howell. Finalement, le terrain choisi par Richard Leakey fut le seul qui resta improductif. L'équipe y découvrit une grande quantité de matériel fossile mais, sur cette rive, les couches étaient trop récentes pour retenir l'intérêt de l'expédition. Leakey décida d'interrompre son travail et de retourner dans son pays, le Kenya, pour y reprendre ses recherches. Cette décision s'avéra être l'une des plus cruciales dans l'histoire de la paléoanthropologie.

Toutes les autres équipes persévérèrent sur place. Immédiatement, elle commencèrent à exhumer des fossiles d'animaux éteints en nombre et variété jusque-là inégalés ailleurs. Les nombreuses couches superposées à Omo, que l'on pouvait dater, permirent de retracer le cours de l'évolution des animaux existants ou fossiles concernant quelque 80 espèces de mammifères; 6 genres et 8 espèces de porcs fossiles purent être identifiés dans les couches. D'autres niveaux recelaient 22 espèces différentes d'antilopes et de nombreux tigres à dents-de-sabre fossiles. Cette moisson était si riche et si complète que l'on put envisager de dater désormais les fossiles décou-

verts ailleurs avec la séquence qui put être dressée d'après les couches d'Omo. Peut-être détenait-on la clé qui permettrait de dater précisément les divers animaux fossiles dont Broom avait dû en Afrique du Sud abandonner la classification des années auparavant, faute de disposer d'éléments de comparaison. En conséquence, cette clé chronologique nous fournit une datation plus sûre pour fixer l'âge des hominidés d'Afrique du Sud.

Outre une précieuse quantité de fossiles de porcs et d'antilopes, les fouilles de la région d'Omo commencèrent à livrer des hominidés. En 1977, on avait dégagé des fragments de quatre crânes, 11 tibias et 250 dents. Analysés, ces ossements permirent de retracer une histoire étonnante. Les dents les plus anciennes, qui datent de quelque 3,1 millions d'années, s'avèrent avoir appartenu à un type quasiment « pré-africanus » extrêmement primitif. *Africanus* proprement dit fit son apparition il y a près de 2,6 millions d'années. Sa disparition remonte à 2,2 millions d'années; *boisei,* le type super-robuste découvert par Louis Leakey à Olduvai lui succéda il y a 2,1 millions d'années et demeura à Omo jusqu'à environ 1,8 million d'années. Les fossiles postérieurs sont extrêmement difficiles à découvrir dans la mesure où les séquences les plus récentes se trouvent enfouies dans des régions où les tribus modernes font paître leurs troupeaux et où le bétail piétine les fossiles aussi vite que l'érosion les fait affleurer en surface.

Homo habilis apparaît également à Omo sous forme de quelques dents et mâchoires datant de deux millions d'années environ, mais aussi de quelques fragments de crânes, vieux de 1,8 million d'années, soit le même âge que les premiers crânes d'*habilis,* exhumés à Olduvai.

Ainsi, les trouvailles d'Omo, bien que de qualité médiocre, revêtent une importance considérable en raison de l'exceptionnelle précision de leur datation et de la séquence évolutive qu'elles permettent de retracer. D'autres travaux avaient été prévus à Omo, mais ils furent interrompus en 1977 en raison du conflit opposant l'Éthiopie à la Somalie. Le Dr. Arambourg, le directeur de fouilles français, est mort en 1969. Son compatriote et collaborateur de longue date Yves Coppens a pris sa succession.

Comme nous l'avons dit, Richard Leakey ne se joignit pas à ces travaux. Il quitta assez vite Omo, et décida de continuer indépendamment sa prospection. Il mit le cap vers le sud et survola en hélicoptère la frontière du Kenya et la région située à l'est du lac Turkana. C'est au cours d'une de ces tournées, dont les péripéties rappellent l'âge des grandes aventures, qu'il repéra quelques sites intéressants et qu'il posa son appareil à l'endroit même de ce qui devient actuellement l'un des plus riches gisements d'hominidés fossiles jamais découverts.

Les premières années du travail de Richard Leakey à Koobi Fora ont donné des résultats extraordinaires : 3 superbes crânes, plus de 2 douzaines de mandibules ou fragments de mandibules, des fragments de cubitus et de tibias et des dents isolées. Le plus célèbre — et le plus controversé — des crânes est son KNMER 1470 (numéro de matricule qu'il lui donna, les lettres correspondant à Kenya National Museum, East Rudolf). Le n° 1470 est un crâne presque complet d'*Homo habilis,* nettement mieux conservé qu'aucun des trois crânes découverts par son père à Olduvai. Le cerveau, plus développé que celui des spécimens d'Olduvai, mesure plus de 700 cm³. Le n° 1470 défraya la chronique, car la première évaluation que donnèrent deux spécialistes anglais, utilisant les méthodes de datation au potassium-argon, fut de 2,6 millions d'années. Ce crâne était donc de près d'un million d'années antérieur à ceux des spécimens d'Olduvai, et doté d'un cerveau plus développé.

Les premiers doutes quant au bien-fondé de cette date extraordinaire furent émis lorsque les séquences détaillées de fossiles de porcs mis au jour à Omo furent appliquées à des fossiles de porcs analogues provenant du lac Turkana. Elles correspondaient si peu que, quelques années plus tard, d'autres échantillons de tuf volcanique furent prélevés pour être soumis à un second essai au potassium-argon, essai qui fut confié cette fois à d'autres experts. Les résultats confirmèrent les données obtenues sur les porcs. Désormais, la datation du n° 1470 se trouve assez fermement fixée à 1,8 million d'années — ce qui ne peut que réconforter les paléoanthropologues, puisque *Homo habilis* remonte ainsi comme il convient à deux millions d'années, voire davantage; elle permet également une meilleure estimation de l'ensemble du matériel rassemblé sur les Australopithécidés, dont la majeure partie a été exhumée par Richard Leakey.

Les 2/3 environ des éléments découverts par Leakey à l'est du lac Turkana appartiennent au type « super-robuste » *boisei,* et leur datation s'étend de deux millions à un million d'années. En les ajoutant aux découvertes d'Omo, on possède maintenant ici assez de matériel comprenant des individus jeunes et vieux, mâles et femelles, et un échantillonnage de dentitions suffisamment important pour permettre de dresser le schéma d'ensemble d'une population variable d'Australopithécidés « super-robustes » *boisei.*

Il est extrêmement utile de disposer d'une population à étudier et non plus d'un seul fossile d'individu. Deux individus ne sont jamais rigoureusement semblables. Il en était de même des Australopithécidés. C'est pour cette raison qu'il est imprudent de tirer des conclusions d'un fossile unique. Une fois les mesures prises sur celui-ci, des théories s'échafaudent, et le risque d'erreurs provient du fait que l'objet mesuré peut ne pas être typique. Il faut disposer d'un certain nombre de spécimens dont on mesurera scientifiquement les variations individuelles, avant d'établir une norme moyenne. Si un visiteur venu de l'Espace classait comme homme moderne le squelette d'un indigène de Nouvelle-Guinée, de petite taille, trapu et aux os grossiers, il serait certainement excusable de définir une seconde espèce s'il découvrait, à plusieurs milliers de kilomètres, les restes d'un Watutsi de 2 mètres de haut, aux os allongés, tel qu'on en rencontre dans les tribus d'Afrique centrale.

C'est pourquoi l'émergence d'une population de *boisei* revêt une telle importance. Son étude commence à révéler les variations extrêmes à l'intérieur desquelles se situent tous les individus du groupe. On peut présumer que tout fossile qui dépasse ces limites a appartenu à un être différent. En outre, ces limites de variations sont maintenant assez précisément mesurées pour confirmer sans aucun doute possible que les Australopithécidés « graciles » *forment* une espèce différente; la question paraît définitivement tranchée.

En outre, la population de *boisei* semble se différencier des types « robustes » découverts en Afrique du Sud. De ceux-ci nous possédons également un nombre suffisant d'exemplaires pour constituer une population dont on peut calculer les propres normes. *Boisei* apparaît comme un *robustus* évolué en « super-robuste ». Il possède également une crête sagittale au sommet du crâne, mais celle-ci est plus développée car elle servait à la fixation de muscles plus puissants qui devaient actionner une mâchoire plus massive armée de molaires plus volumineuses. Chez *boisei,* les prémolaires tendent à devenir des molaires. Ces indices révèlent un régime alimentaire composé surtout de matières végétales grossières.

De plus en plus, on admet, entre autres hypothèses, que *boisei* et *robustus* représentent une fin évolutive de la lignée de tous les Australopithécidés. Certes, il y avait entre eux des différences, mais des différences de degré, non de nature, révèlent qu'ils vécurent sans doute dans des enclaves écologiques identiques, dont l'une se trouvait en Afrique du Sud et l'autre en Afrique orientale. Ces différences s'expliqueraient par le fait que les deux milieux n'étaient pas analogues et, qu'avec le temps, les deux populations finirent par diverger en raison de leur isolement génétique. Au fil des millénaires, ces différences en vinrent à s'accentuer.

Mais, s'ils avaient encore des traits de similitude à la fin de leur évolution, il semble raisonnable de présumer que, à un stade antérieur, ces traits étaient bien plus accusés. C'est la raison pour laquelle fut émise l'hypothèse qu'ils durent avoir le même ancêtre australopithécidé. On admet à présent le bien-fondé de l'hypothèse qui veut que l'ancêtre était le type gracile connu sous le nom de *africanus*.

Vers la fin des années soixante-dix, sans doute aurait-on rejeté une telle conclusion. Tout récemment encore, on estimait, en effet, que *boisei* différait totalement d'*africanus* L'éminent anthropologue sud-africain J.T. Robinson était même allé jusqu'à classer *robustus* dans un genre entièrement distinct de celui d'*africanus*.

Il n'en est plus ainsi. Certaines découvertes sensationnelles effectuées récemment en Éthiopie, s'ajoutant à celles déjà mentionnées faites à Omo et à l'est du lac Turkana, permettent d'envisager sous un jour nouveau les rapports qui relient les hommes aux Australopithécidés, mais aussi ceux qui relient les Australopithécidés entre eux — rapports qu'il était impossible d'établir auparavant.

En Éthiopie, il s'est passé la chose suivante : en 1971, un jeune anthropologue américain, Donald Johanson, accompagné d'un géologue français, Maurice Taieb, entreprit de fouiller des gisements fossiles dans une

région retranchée du désert Afar, au nord-est d'Addis Abéba. Sur le site de Hadar, tous deux mirent au jour des fossiles d'une qualité inégalée. Tout d'abord, ils exhumèrent une série de mâchoires et de dents d'hominidés qui intriguèrent beaucoup Johanson. Ces fossiles présentaient un curieux mélange de caractéristiques non seulement humaines (et faisaient penser à *Homo habilis*), mais aussi comparables à celles des Australopithécidés (qui évoquaient *africanus*). Toutefois, les similitudes n'étaient pas absolument *parfaites;* par ailleurs, l'extrême petitesse des ossements ajoutèrent à la perplexité de Johanson. De toute évidence, ces mâchoires avaient appartenu à un animal quel qu'il fût nettement plus petit que *habilis* ou toute autre espèce d'Australopithécidés connue. En outre, cet animal datait de un demi-million à un million d'années de plus.

Deux ans plus tard, Johanson effectua une découverte de fossiles sans précédent : il trouva pratiquement la moitié du squelette de l'un de ces petits hominidés de Hadar. Ainsi, pour la première fois, pouvait-on connaître sans le moindre doute l'aspect véritable d'un sujet dont l'espèce, très ancienne, s'était éteinte. Jusqu'alors, on avait dû reconstituer les premiers hominidés à partir de fragments épars collectés dans des sites extrêmement éloignés dans l'espace comme dans le temps. Aucun critère ne permettait de déterminer si telle vertèbre corres-

pondait bien à telle mâchoire. Comment dire si tel ossement était un os pelvien de femme, tel autre un péroné d'homme ? Avait-on raison de les rapprocher ? Alors que s'accumulaient les fragments, les idées se faisaient plus claires sans jamais satisfaire pleinement. Reconstitués par juxtaposition de fragments, les Australopithécidés prêtaient toujours à controverses. Mais, « Lucie » — nom que Johanson attribua au squelette — mis fin à tout cela. « Lucie », une femme adulte, dont près de la moitié des ossements étaient demeurés intacts, avait trois millions d'années. Elle marchait en station verticale comme un être humain contemporain, et ne mesurait que 1,04 mètre.

Qui était-elle ? Au début, Johanson n'en avait pas la moindre idée. Elle était de trop petite taille pour entrer dans une catégorie quelconque d'Australopithécidés connus : *africanus, robustus, boisei.* Mais, en fait, l'espèce dont elle relevait était-elle vraiment petite ou s'agissait-il d'un sujet de taille extrêmement réduite ? Ce mystère se trouva éclairci lorsque, un an plus tard, Johanson effectua une autre grande découverte sous la forme d'une famille entière du même type, regroupant des fragments appartenant à plus d'une douzaine de sujets, hommes, femmes et enfants. Ce trésor, ajouté à « Lucie », à ses trois mâchoires et à d'autres trouvailles réalisées entre-temps, lui permit de disposer d'un assortiment de sujets distincts grâce auxquels il put réaliser ce que Richard Leakey avait accompli avec *boisei* au lac Turkana : établir avec plus de précision le processus d'évolution d'un nouvel hominidé.

Ce nouvel hominidé était petit. On retrouvait en lui réunies, de manière quelque peu troublante, des caractéristiques propres aux Australopithécidés et à *Homo*. Après des recherches approfondies, Johanson en conclut que les fossiles de Hadar représentaient une espèce d'Australopithécidés jusqu'alors inconnue, qui avait précédé toutes les autres et était ancêtre de l'homme. En résumé, disons que, voici quelque trois millions d'années, il se peut que se soit situé l'embranchement qui allait séparer les hommes des autres espèces; l'une des branches allait conduire à *Homo habilis,* et l'autre se prolonger par les trois Australopithécidés identifiés auparavant. Or, dans la mesure où l'on trouve presque toujours des outils de pierre associés aux toutes premières trouvailles de *Homo,* mais pratiquement jamais aux côtés des Australopithécidés, il sembla logique de conclure que les différences évolutives qui les caractérisaient étaient dues à cette différence de comportement. L'une des populations, pour des raisons encore inexpliquées, mais sans doute motivées par le climat et l'adaptation au milieu, en vint de plus en plus à adopter un mode de vie tributaire des outils. L'autre, évoluant dans une enclave écologique légèrement différente, et soumise à un autre milieu, ne fut pas attirée par les outils et demeura dans la lignée des Australopithécidés. A vrai dire, avec le temps, elle le resta *résolument.* Deux millions d'années avant notre ère, la différence entre les deux types devint flagrante. *Homo habilis,* utilisateur d'outils, était doté d'un cerveau de 700 cm³ environ et de molaires plutôt exiguës; en revanche, le cerveau des divers Australopithécidés n'excédait pas en moyenne 500 cm³, mais leurs molaires ne cessaient de grandir.

Approfondissant ses travaux sur ses trouvailles de Hadar, qu'il compara à des créatures similaires mises au jour dans des couches géologiques encore plus anciennes par Mary Leakey à Laetolil en Tanzanie, Johanson estima disposer de preuves suffisantes pour attribuer un nom à sa trouvaille. Il la baptisa *Australopithecus afarensis* dans un article remis lors d'un congrès d'Anthropologie en 1978. Nombre de chercheurs, qui s'étaient penchés sur les fossiles de Hadar, acceptèrent avec un soupir de soulagement de baptiser cette nouvelle espèce, car ceci permettait de résoudre un problème essentie!. *Afarensis* était un ancêtre doté de caractéristiques physiques appropriées — où se trouvaient réunies celles des deux types qui allaient descendre de lui — faisant son apparition à la période adéquate, c'est-à-dire il y a entre trois et quatre millions d'années. A un moment donné, au cours du million d'années suivant, la séparation de ces deux types, *habilis* et *africanus,* avait dû avoir lieu. Or, il s'avère qu'il en fut bien ainsi. Désormais, les preuves dont on dispose sur la branche de *Homo* sont claires. Le crâne n° 1470 découvert par Richard Leakey, un remarquable spécimen d'homme naissant, nettement différent de tout Australopithécidé, date de deux millions d'années à peine. Il en est de même des trois crânes, moins parfaits, trouvés à Olduvai, et aussi des fragments de *habilis* exhumés à Omo. Si l'on en vient à découvrir des *habilis* plus anciens — des fossiles vieux de 2,5 à 2 millions d'années — sans doute ressembleront-ils moins au n° 1470 et se rapprocheront-ils davantage de *afarensis,* en fonction de leur ancienneté.

Mais qu'advient-il de *africanus,* de *robustus* et de *boisei?* De récentes études effectuées dans les grottes d'Afrique du Sud, d'où proviennent pratiquement tous les fossiles d'*africanus* connus, montrent qu'il est possible, grâce à un nombre croissant de méthodes extrêmement élaborées, de déterminer leur âge avec une bien plus grande précision qu'autrefois. *Africanus* s'avère ainsi dater de deux à trois millions d'années, 2,5 probablement. De même que dans le cas de l'*Homo* naissant, cette date concorde parfaitement avec les déductions de Johanson. En outre, elle permet de revenir à l'hypothèse controversée, mentionnée plus haut dans ce chapitre, selon laquelle *africanus* descendrait de *boisei* et de *robustus*.

Comme nous l'avons dit, cette idée aurait paru absurde il y a quelques années. *Robustus* avait des mâchoires et des molaires nettement plus massives que celles d'*africanus*. Qui plus est, il possédait le long du crâne une crête sagittale à laquelle venaient se fixer les muscles nécessaires au bon fonctionnement d'un appareil masticatoire important — organes vraisemblablement destinés à comprendre la dépendance accrue de l'espèce envers un régime alimentaire composé de végétaux communs, ce qui dénotait un mode de vie indépendant des outils et peu concerné par la chasse ou une nutrition carnée.

Tant qu'on ignora l'âge de *robustus* et d'*africanus*, il fut extrêmement difficile d'élucider les rapports de l'un et de l'autre, et la tentation fut forte de considérer *robustus*, parce que le moins humanoïde des deux, comme le plus ancien.

Cependant, les spécialistes de *robustus* et d'*africanus* examinaient soigneusement les fossiles et les sites. En comparant leurs positions respectives dans les couches rocheuses ainsi que la faune aux alentours, les experts acquirent la conviction que *robustus* était le plus jeune — et même sans doute de beaucoup. En fait, en fonction des connaissances couramment admises, on peut affirmer qu'aucun fossile de *robustus* n'excède deux millions d'années, et que les plus jeunes ne datent peut-être que d'un million d'années seulement.

Compte tenu de ces données et des critères de compa-

raison que l'on doit aux fossiles de Hadar, plus archaïques, on en vient à se demander si la présence de mâchoires puissantes et de molaires particulièrement amples ne serait pas l'indice d'un développement évolutif tardif, plutôt que précoce, chez les Australopithécidés. En conséquence, *robustus* ne serait pas « primitif », comme on l'avait pensé, mais simplement plus avancé dans la direction de robustesse vers laquelle les Australopithécidés n'ont cessé de s'acheminer. Ainsi, si l'on classe selon leur robustesse tous les fossiles graciles et robustes, on aboutit sur une séquence qui tend à laisser croire qu'une lente évolution s'est faite de l'un à l'autre.

En s'appuyant sur une bonne datation, on peut appliquer le même genre d'analyse au *boisei* super-robuste que l'on trouve au nord de l'Afrique orientale. Il fit son apparition il y a deux millions d'années environ et survécut approximativement un million d'années. Descendait-il directement d'*afarensis* ou dut-il franchir une étape intermédiaire en passant par le stade *africanus*? Bien que l'Afrique orientale doive encore nous livrer des fossiles révélateurs sur la période critique allant de trois à deux millions d'années, là aussi peut-être la forme robuste — *boisei* — descendit-elle d'*africanus*.

Une autre question s'impose : qu'advint-il des Australopithécidés? Pourquoi n'en retrouve-t-on jamais datant de moins d'un million d'années? On présume que, à partir de cette date, les hommes sont devenus si nombreux, si malins, si habiles dans le maniement des outils et la pratique de la chasse qu'ils éjectèrent leurs cousins, au cerveau plus réduit, hors de la planète, soit indirectement en usurpant leurs antres, ou encore directement en les tuant. Malgré l'état actuel des connaissances, ce problème reste également sans solution.

Une dernière question, peut-être la plus complexe de toutes, se pose : quelle est l'origine des Australopithécidés ? - Autrement dit : quel est l'ancêtre de *afarensis* ? Comment trouver trace de ce spécimen, le plus ancien et le plus petit du genre, en remontant le plus loin possible jusqu'au type le plus antérieur qui, sans doute, ne marchait pas encore en station verticale ? Au-delà de cette date, c'est-à-dire plus de 4 millions d'années, les témoignages deviennent extrêmement vagues. La tapisserie qui retrace l'évolution humaine laisse pourtant apparaître dans sa partie inférieure quelques fragments, mais ce sont des zones si espacées les unes des autres qu'il est très difficile d'en restituer le canevas : les fils sont si usés que le dessin reste quasiment méconnaissable. Ainsi, en 1965, des chercheurs de l'université Harvard ont découvert à Kanapoi, à l'extrémité sud du lac Turkana, un fragment de cubitus, daté d'environ 4 millions d'années, qui est de façon certaine hominien. Ensuite, à Lothagam, à l'ouest du lac Turkana, une nouvelle expédition dirigée par Brian Patterson, de Harvard, exhuma une mandibule remontant à 5,5 millions d'années, laquelle est probablement hominidienne. Enfin, du lac Baringo provient une dent vieille de 9 millions d'années, à propos de laquelle on ne saurait dire s'il s'agit d'un pongidé (un anthropoïde) ou d'un hominidé. Outre le fait qu'il soit difficile de trancher à partir de cet élément isolé, à une date aussi reculée, la distinction entre les deux n'est évidemment pas claire. Si l'on remonte au-delà de ces fragments énigmatiques, nous ne trouvons plus rien : la lignée ancestrale des Australopithécidés disparaît dans la nuit des temps.

Or en est-il vraiment ainsi ? Supposons que le chercheur souhaite encore remonter plus loin dans le passé, il découvrira à nouveau d'autres fragments de mâchoires et d'autres dents et se rendra compte que certains de ces fossiles ne proviennent pas du tout d'Afrique, mais qu'ils ont été mis au jour dans les monts Siwalelek, au Pakistan. Leur datation est incertaine; peut-être sont-ils vieux de 10, peut-être de 12 millions d'années. D'autres, qui remontent à 14 millions d'années, ont été exhumés au Kenya, notamment par Louis Leakey. D'autres encore, qui ne datent que de 8 ou 9 millions d'années, ont été découverts ailleurs, en Asie et en Europe. Au début, les experts ne soupçonnèrent pas un instant leur rapport possible avec l'histoire des hominidés; ils ne surent même pas établir le lien qu'ils avaient entre eux. Or, grâce aux travaux récents d'Elwyn Simons et de David Pilbeam de l'université Yale, les chercheurs reconnaissent aujourd'hui à l'unanimité l'appartenance de tous ces fossiles à un genre unique d'anthropoïdes plutôt intéressants et typiques, qui porte le nom de *Ramapithecus*.

Si l'on remonte au miocène, c'est-à-dire il y a au moins 20 millions d'années, on s'aperçoit que des anthropoïdes, nombreux et variés, peuplaient l'immense territoire couvert de forêts tropicales qui, à cette date, entouraient l'Ancien .Monde. Parmi tous ces anthropoïdes qui, semble-t-il, auraient été les ancêtres des chimpanzés, des gorilles et des orangs-outangs, un seul mérite de retenir notre attention : *Ramapithecus,* le moins simiesque de tous et doté de dents et de mâchoires très proches de celles des Australopithèques. Actuellement, on le considère comme l'ancêtre des Australopithèques le plus vraisemblable et, par conséquent, comme l'ancêtre de l'homme. Mais cette filiation reste encore hypothétique; seule la dentition la justifie puisque nous n'avons ni crâne ni os occipital.

Chapitre trois :
Prise de contact avec le sol

Avec son faible cerveau et ses yeux disposés latéralement, ce lémur à queue annelée est un vestige vivant de l'ancêtre disparu de tous les primates.

Les plus grands événements viennent à se produire sans aucune préméditation : le hasard convertit les erreurs en choses favorables... Les événements importants du monde ne sont pas déclenchés délibérément ; ils arrivent, simplement.
— George C. Lichtenberg

Tenir entre ses doigts une dent brunie d'Australopithèque constitue une étrange expérience. Voici donc une partie d'un être qui, il y a 3 millions d'années, s'est développé dans la matrice d'une femelle; cette dent a poussé dans la mâchoire d'un enfant hominidé, elle l'a fait souffrir et, finalement, a été remplacée par une dent permanente.

Quelle était donc cet être qui tâtait du bout de la langue cette dent tandis qu'il mâchonnait sa nourriture. Comment vivait-il? Quels étaient ses compagnons? La dent ne répond pas naturellement.

En effet, au grand ennui des préhistoriens, les fossiles restent muets; c'est pourquoi les recherches sur les premiers hommes doivent être complétées ailleurs, notamment par l'étude des chimpanzés vivants. Ceux-ci, qui sont les moins spécialisés des singes anthropoïdes, restent les plus proches parents de l'homme. Il est probable que, si l'on savait remonter assez loin dans l'ascendance humaine, on rencontrerait des êtres ressemblant à un simili chimpanzé.

Étudions donc ces primates modernes dont le genre de vie nous aide à reconstituer approximativement celui que menèrent les préhominiens, il y a plusieurs millions d'années. Cela nous apprendra également en quoi les hommes et les chimpanzés sont différents.

C'est au cours des années 1920 que, pour la première fois, Robert Yerkes aux États-Unis et Solly Zuckerman à Londres se mirent à observer, l'un les chimpanzés et l'autre les babouins hamadryas dans les jardins zoologiques. Mais, en dépit de l'intérêt que présentaient de telles recherches, ils finirent par comprendre qu'il fallait étudier les singes en liberté dans leur habitat naturel.

Le naturaliste et poète sud-africain Eugene Marais vivait déjà depuis 1905 parmi les babouins en même temps qu'il étudiait les termites. Pauvre et malade, miné par la drogue, il finit par se suicider. Malgré la remarquable qualité de ses travaux, ceux-ci restèrent généralement ignorés sauf de l'écrivain belge Maeterlinck qui s'appropria sans vergogne le contenu du livre de Marais pour ses propres ouvrages.

Au cours des années 30, C.R. Carpenter étudia les gibbons en Thaïlande, et les singes hurleurs dans une île près de Panama. C'est surtout après la Seconde Guerre mondiale qu'une génération de jeunes universitaires se mirent à observer les entelles en Inde, les gibbons et les orang-outans dans le Sud-Est asiatique, les chimpanzés, gorilles, babouins et de nombreux autres singes forestiers en Afrique. Même les singes du Nouveau Monde firent l'objet d'études en Amérique centrale et en Amérique du Sud.

Les primates se révélèrent beaucoup plus difficiles à étudier qu'on ne l'avait imaginé. Bon nombre d'entre eux, tel le gorille de montagne, vivent dans des lieux inaccessibles. D'aucuns passent leur temps au sommet des arbres de la jungle où ils demeurent presque invisibles. D'autres, comme l'orang-outan, sont extrêmement rares. Enfin, la plupart des singes craignent la présence de l'homme.

Un autre problème se pose : que faut-il rechercher et comment interpréter les observations? Différentes espèces agissent différemment dans les diverses régions, sous l'influence du milieu écologique ou même des variations de densité de la population.

Il faut enfin nous débarrasser de préjugés tenaces. Depuis un siècle environ ou davantage, les savants et les explorateurs s'accordaient à considérer le gorille comme un monstre terrible de la forêt, qui se frappe la poitrine de rage en poussant d'horribles hurlements, un être doté d'une dentition si forte et de muscles si puissants qu'il semblait pouvoir à volonté sectionner le bras d'un homme ou l'arracher du tronc. Ce fut au cours des années 20 que l'explorateur Carl Alekey commença à suspecter que le gorille n'était pas du tout la bête féroce que l'on imaginait. Mais il devait revenir à un zoologiste, George Schaller, de prouver que cet animal est en fait timide et paisible.

Schaller vécut treize mois au Congo sur les flancs des volcans du Virunga, à 3 000 mètres d'altitude, mais, en dépit des connaissances acquises, il ne put jamais entrer en contact étroit avec les gorilles qu'il étudiait. Ces animaux, loin d'être féroces, fuyaient devant l'homme.

Après lui, Diane Fossey, jeune primatologiste, alla s'installer dans la région des gorilles pendant un certain nombre d'années. Pour la première fois au monde, elle réussit, après avoir gagné la confiance de ses sujets, une expérience inoubliable : un grand mâle s'approcha d'elle et lui toucha doucement et timidement la main. Pour permettre ce contact fugitif, Diane Fossey dut rassurer le gorille en détournant les yeux.

Les gorilles, bien qu'ils soient physiologiquement très proches de l'homme, en différent toutefois profondément par leur mode de vie. Leur alimentation se compose de végétation dure; ce sont des bêtes lentes, paisibles, ayant de solides habitudes, plutôt que des animaux turbulents. Ils rappellent beaucoup moins le comportement de notre espèce que ne le font les chimpanzés, nettement plus vifs et plus aventureux.

Grâce à des observations minutieuses et assidues sur le terrain, les chimpanzés nous sont maintenant mieux connus. L'auteur d'une des meilleures études sur le vif est Jane Goodall, qui commença sa carrière comme secrétaire de Louis Leakey. Leakey connaissait l'existence d'une troupe de chimpanzés qui vivaient sur des hauteurs couvertes de forêts près de Gombe Stream, rivière qui se jette dans le lac Tanganyika (ouest de la Tanzanie). Intéressé par tout ce qui touche aux primates, Leakey cherchait quelqu'un pour étudier les chimpanzés de Gombe. Le savant estimait en effet que cette région arrosée, juxtaposition de forêts et de savane arborée, rappelait de très près les conditions qui durent régner à Olduvai voici 2 millions d'années.

Jane Goodall a, depuis, consacré plusieurs années à l'étude des chimpanzés de Gombe. Comme Schaller, elle se heurta au problème de la crainte que ces animaux éprouvent vis-à-vis de l'homme. Jane établit son camp en bordure du lac où elle vécut en compagnie de sa mère. Elle passait ses jours à parcourir la forêt, à la recherche de chimpanzés dans une zone d'environ 35 km². Son plan consistait à surveiller discrètement les animaux, sans s'en rapprocher exagérément, afin de les accoutumer à sa présence en attendant d'établir des relations plus étroites. Les mois passèrent et Jane Goodall en était toujours réduite à cette observation à bonne distance, n'ayant pu vaincre la timidité des anthropoïdes. Enfin, après avoir été réjetée par les animaux pendant un laps de temps qui eût suffi à décourager tout observateur moins persévérant, la jeune femme fut acceptée, sinon par tous les chimpanzés, du moins par un grand nombre. Elle devint finalement extrêmement familière avec eux. Jane passa des milliers d'heures en leur compagnie, quelquefois en contact physique, leur tendant des bananes, jouant avec leurs petits, mais se contentant le plus souvent de s'asseoir tranquillement et d'observer une société animale dont elle découvrait progressivement la complexité et la subtilité inattendues.

Deux ans plus tard, le photographe Hugo van Lawick

vint la rejoindre. Les chimpanzés, grâce à leur intelligence, associèrent rapidement la présence de l'homme à celle de leur amie Jane et l'adoptèrent moins d'un mois plus tard. Les travaux de Jane Goodall et les photographies d'Hugo van Lawick concernant les chimpanzés nous révèlent un animal dont la nature et l'organisation sociale sont riches d'enseignements pour expliquer l'apparition de l'homme.

Les hommes ont le défaut de juger le chimpanzé d'après des critères purement humains. De ce fait, ces êtres leur apparaissent moins intelligents et plus vulnérables qu'ils ne le sont. L'évolution du monde moderne en est la cause : l'habitat du chimpanzé diminue chaque jour davantage avec le recul de la forêt vierge menacée par les chasseurs, les bûcherons, les mineurs, les incendiaires et même par les promoteurs immobiliers.

Un jour où je visitais la forêt de Budongo en Ouganda, en 1968, je me trouvais au cœur d'une magnifique futaie d'arbres géants lorsque j'entendis une bande de chimpanzés approcher en criant, signe qu'ils avaient repéré des arbres regorgeant de fruits mûrs. Bientôt, tout redevint silencieux. Il paraissait incroyable qu'à moins de 100 m de moi, 20 ou 30 chimpanzés pussent manger, se gratter, vivre, sans faire le moindre bruit. En dehors des moments d'excitation, ces animaux se montrent remarquablement paisibles. Cependant, je percevais à 2 km de là le bruit strident de la scierie d'une exploitation forestière. Que signifiait ce bruit, pensais-je, pour ces singes ? Y étaient-ils habitués ?

Soudain, un bruit de feuillage se fit entendre derrière moi et j'aperçus deux yeux bruns dans une face triste qui me fixaient intensément puis disparurent instantanément. Ma présence fut apparemment signalée à la bande que j'entendis un peu plus tard crier dans le lointain.

Tous les chimpanzés ont l'air triste, ou du moins en apparence. En réalité, c'est moi, personnage du XXe siècle, qui suis la cause de la tristesse de cet animal. Laissé à lui-même, à l'écart de l'homme, le chimpanzé n'a aucun motif de souci dans sa forêt. Celle-ci constitue son milieu naturel. Il est conçu pour prospérer dans ses frondaisons si on le laisse vivre à sa guise. Lorsque je me rappelle cette vérité, et que je regarde ce primate sous cet angle, il cesse de m'apparaître vulnérable et pathétique. Transportez l'homme à quelques millions d'années en arrière, épargnez-lui toutes les menaces qui pèsent maintenant sur le chimpanzé, et vous verrez le fossé entre l'homme et l'anthropoïde se combler à nouveau. Le caractère humain s'estompe devant l'importance des traits anthropoïdes, spécialement lorsqu'on lit les ouvrages des Goodall, Fossey et Schaller, qui nous révèlent la subtilité et la complexité qui caractérisent les sociétés de primates.

Souvenons-nous de ce fait, et remontons dans le passé à l'époque où l'homme n'existait pas; observons les primates en groupes, et efforçons-nous de comprendre pourquoi ce ne fut ni un prosimien, ni un singe, mais un anthropoïde (et l'un de ceux-ci exclusivement) qui dut emprunter un chemin que nul autre primate n'a jamais suivi depuis. Pour commencer notre enquête, nous devons étudier la locomotion du primate, car ce sont les différentes manières dont ceux-ci se déplacent dans les arbres qui nous dévoilent d'abord les premières informations sur l'évolution des hominidés.

Les petits insectivores rongeurs qui, montant du sol, envahirent les arbres voici quelque 75 millions d'années, se déplaçaient à la manière des écureuils modernes. Mais parmi ceux qui allaient devenir de véritables primates, une évolution assez rapide se produisit. Les doigts des pattes se changèrent en mains et les doigts eux-

Ces musaraignes, qui vivent actuellement en Asie du Sud-Est, ressemblent de très près aux petits animaux rongeurs et insectivores que l'on considère comme les ancêtres de tous les primates. Ce sont de véritables quadrupèdes qui portent des griffes aux pattes et n'ont pas les doigts aux ongles plats qui caractérisent les primates plus évolués.

mêmes devinrent préhensiles pour serrer les branches. Quelques groupes développèrent une manière de se déplacer qui consistait en un mouvement lent et sûr des quatre pattes, caractérisé par une « prise de fer » dont la puissance était absolument disproportionnée avec la taille de l'animal. Les kinkajous utilisent encore aujourd'hui cette locomotion de même que les loris, et ces deux espèces possèdent des mains puissantes.

Un autre mode de locomotion développa chez ces primates des qualités de saut et de suspension. Certains des prosimiens primitifs furent d'excellents sauteurs. Ils possédaient de longues jambes, proportionnellement aussi longues que celles des kangourous, et des bras très courts. La plupart de ces animaux étaient de taille extrêmement réduite. Nous connaissons encore certaines de ces espèces survivantes : ainsi le tarsier des Philippines n'est guère plus grand qu'un jeune chat.

Mais, avec le temps, bon nombre de prosimiens grandirent. Nous n'en connaissons pas la raison exacte, si ce n'est qu'il existe des forces en présence dans toutes les espèces qui tendent à encourager la sélection des individus de grande taille, quand le fait d'être petit n'offre pas un avantage certain en soi. Ainsi les mâles plus grands et plus agressifs peuvent dominer les plus faibles dans la concurrence vis-à-vis des femelles. En outre, une augmentation de taille peut protéger l'animal comme le petit prosimien contre les petits serpents ou oiseaux de proie qui ne sont pas assez puissants pour s'emparer d'animaux plus robustes. En fait, le serpent ou l'oiseau de proie encourageait l'évolution d'individus plus grands dans une population parce qu'il s'emparait d'un nombre disproportionné d'individus plus faibles, et favorisait, de ce fait, la sélection naturelle des plus forts de l'espèce de ses victimes.

Mais l'accroissement de taille fit naître de nouveaux problèmes. Il est plus difficile à un grand animal de se cacher qu'à un petit. Il lui faut également plus de nourriture. Si celle-ci est disponible sous forme de fruits, de pousses tendres à l'extrémité des branches, un équilibre devra être atteint, au point où l'avantage de la taille

Le tarsier est un prosimien, l'un des premiers primates qui aient évolué à partir d'une créature ressemblant à la musaraigne ci-contre. Les tarsiers, maintenant confinés au Sud-Est asiatique, sont de minuscules carnivores nocturnes qui se nourrissent d'insectes et de lézards. Ils possèdent des pattes démesurées, du genre kangourou, et quatre mains préhensiles; pour se déplacer, ils sautent et se suspendent de branche en branche.

ne sera pas contrecarré par le handicap consistant à ne pouvoir s'aventurer assez loin sur les petites branches pour cueillir les meilleures pousses. Bref, il existe une taille optimale pour chaque espèce suivant son mode de vie particulier. Si la pression de la sélection en faveur d'une augmentation de taille est assez forte, le mode de vie de l'espèce peut alors évoluer. Un animal autrefois sauteur se contentera maintenant d'atteindre sa nourriture au bout de bras plus longs.

Le développement des bras permet au primate de répartir son propre poids sur plusieurs extrémités de branches, réduisant ainsi le poids supporté par chacune. Des mains préhensiles et aux ongles plats deviennent indispensables, car les griffes conviennent à un grimpeur de très petite taille, mais non pas aux plus grands.

Sous l'influence de ces facteurs, des primates plus grands, plus lourds, plus habiles et aux bras plus développés commencèrent à apparaître durant l'Oligocène, voici environ 40 millions d'années. Leur régime alimentaire commença également à se modifier. De ce fait, ils se scindèrent pour occuper différentes parties de la forêt, différentes espèces d'arbres, et même différents niveaux d'une même futaie. Certains de ces primates aux plus longs bras devinrent quadrupèdes, courant avec facilité sur les quatre pattes le long des branches. C'est là l'origine des singes. D'autres, dont les bras s'allongèrent davantage, évoluèrent jusqu'à développer des aptitudes à atteindre la nourriture « à bout de bras » et à grimper, à se suspendre et à se balancer. Ce furent les premiers anthropoïdes.

La différence entre la progression quadrupède et la brachiation (locomotion par balancement propre aux anthropoïdes) peut sembler insignifiante. En fait, son importance est extrême. Bien que les singes adoptent souvent, lorsqu'ils s'assoient, une posture presque droite,

et qu'à l'occasion ils se tiennent même sur leurs membres postérieurs, ce ne sont pas des animaux à station réellement verticale. Ils sont forcés de se déplacer sur leurs quatre pattes. En outre, bien qu'ils disposent de doigts et d'orteils bien articulés, ces êtres marchent sur les branches en utilisant la paume de leurs mains et la plante de leurs pieds. Ainsi, quoi qu'ils puissent saisir des objets avec une grande habileté quand ils sont assis, ils doivent les lâcher lorsqu'ils courent, leur mode de locomotion quadrupède les y contraignant.

Les anthropoïdes, par suite de leurs habitudes de cueillir à bout de bras, de grimper et de se balancer dans les arbres, sont fondamentalement des créatures plus redressées que le singe, et possèdent une plus grande liberté de mouvement des bras.

Plus l'animal se tient droit, plus les bras sont flexibles, plus l'animal est capable de s'asseoir, de se dresser et de cueillir à bout de bras, et plus l'usage de la main prend de l'importance. La main devient progressivement libre de saisir, d'arracher, de tenir, d'examiner et de porter.

Plus la main est utilisée pour ce genre d'activités, plus l'habileté manuelle se développe. Jane Goodall découvrit que le chimpanzé possédait une adresse manuelle suffisante pour dépouiller une branche de ses feuilles (autrement dit pour façonner un outil), puis introduire adroitement la brindille dans l'orifice d'une termitière afin d'en capturer les insectes qui ne manqueront pas de s'accrocher à la baguette. Cet acte remarquable n'exige pas seulement une manipulation précise et très élaborée, elle suppose également l'intelligence pour l'accomplir. Ceci revient à dire que le développement des activités manuelles exerce un effet évolutif sur l'accroissement du cerveau.

La preuve en est que les anthropoïdes, qui ont la faculté de se servir de leurs mains parce qu'ils sont capables de se tenir droits, se montrent dans l'ensemble nettement plus intelligents que les singes dont l'habileté manuelle est développée, mais dont le mode de vie quadrupède restreint l'usage des mains, ce qui, par voie de conséquence, limite l'effet stimulant que l'utili-

Le kinkajou est un prosimien africain nocturne, à la fourrure épaisse. Il se déplace très lentement et très habilement dans les branchages et, pour sa taille, il est remarquablement robuste, doué d'une capacité de prise d'acier facilitée par un pouce opposable. A chaque pied, il possède une griffe qui lui sert à sa toilette, mais toutes ses autres griffes sont devenues des ongles plats.

Les vervets sont des singes particulièrement adaptables. Leur capacité crânienne, leur population totale et leur zone d'habitat sont supérieures à celles des prosimiens, lesquels sont les ancêtres de tous les singes. Le vervet est une espèce africaine commune, arboricole. Il est doué d'une bonne habileté manuelle et tous ses doigts et orteils portent des ongles plats.

Le gibbon est de tous les anthropoïdes le plus éloigné de l'homme.
Il est également le plus spécialisé, avec des bras longs et puissants
et des mains crochues pour se balancer d'une branche à l'autre. Les
gibbons vivent dans les forêts épaisses d'Asie du Sud-Est. Dans cet
habitat confiné, chaque famille occupe son propre territoire.
Peut-être parce qu'ils descendent rareme:t au sol, et qu'ils sont
privés de la stimulation cérébrale que procure la véritable vie
communautaire, ce sont les moins intelligents des singes anthropoïdes.

sation de celles-ci produit sur le cerveau.

Jusqu'ici tout est clair. Les anthropoïdes ont potentiellement la capacité de se tenir droits. Ils sont plus intelligents que les singes et ils utilisent davantage leurs mains. Pourquoi dans ces conditions ne sont-ils pas tous devenus des hommes? La réponse à cette question reste extrêmement complexe. Pour résoudre le problème, le meilleur moyen consiste à nous transporter 20 ou 30 millions d'années en arrière dans la forêt équatoriale d'alors et de tenter d'examiner la situation du point de vue des anthropoïdes qui y vivaient. Nous savons déjà qu'ils avaient commencé à se différencier; leurs fossiles nous le confirment. Mais ces différences n'étaient pas alors aussi accusées qu'aujourd'hui. Les représentants des quatre espèces d'anthropoïdes vivant actuellement — le gibbon, l'orang-outan, le chimpanzé, et le gorille — sont plus grands qu'à cette époque et même beaucoup plus grands, à l'exception du gibbon. Tous quatre possèdent des bras plus longs, particulièrement le gibbon et l'orang-outan.

Le gibbon et l'orang-outan sont des espèces asiatiques. Les nombreuses mesures effectuées sur ces animaux, relevant les dimensions corporelles ou les éléments génétiques, nous apprennent qu'ils sont très sensiblement différents des chimpanzés et des gorilles. En fait, ils ressemblent beaucoup moins au chimpanzé que l'homme. Cette constatation indique qu'ils se sont séparés il y a très longtemps, bien avant que n'intervienne l'embranchement homme-gorille-chimpanzé; elle constituerait même un argument en faveur d'une origine africaine commune à ces trois espèces qui sont les plus étroitement apparentées.

Notons que le gibbon et l'orang-outan restent aujourd'hui des animaux essentiellement arboricoles. Des millions d'années passées à grimper et à se balancer, une dépendance totale vis-à-vis d'un régime alimentaire à base de fruits les ont portés à un point extrême de spécialisation arboricole. Maladroits au sol, ces singes se déplacent lentement et avec hésitation. Par contre, dans les arbres, ce sont de superbes acrobates, chacun à sa manière. Le gibbon vole littéralement de branche en branche, se balançant de l'une à l'autre comme un pendule, puis, exécutant dans le vide des bonds stupéfiants, il saisit la branche suivante juste assez longtemps pour se relancer en direction d'une troisième, sautant avec la rapidité de l'éclair. Chez cet animal, les doigts extrêmement allongés sont spécialisés en crochets puissants pour saisir les branches. Résultat de cette spécialisation, le gibbon possède l'habileté manuelle la plus faible de tous les anthropoïdes et le cerveau le plus réduit.

L'orang-outan est très différent du gibbon. Sa taille est bien supérieure. Alors que le gibbon n'atteint que 5 ou 7 kg, l'orang-outan mâle pèse à l'âge adulte plus de 75 kg, poids qui lui interdit de se balancer dans les branches. Mais, grâce au développement de quatre mains extrêmement préhensiles et de membres librement articulés capables de prendre n'importe quelle position (en fait, il s'agit de quatre bras), il existe peu d'arbres dans lesquels un orang-outan ne se sente en sécurité malgré sa masse. Son allure est lente, mais assurée. Par leur envergure démesurée, les orang-outans dans les arbres rappellent étonnamment certaines espèces d'araignées énormes et poilues.

Lorsqu'on compare ces animaux spécialisés à une créature mi-simiesque mi-anthropoïde qui, elle, n'était pas spécialisée et qui fut probablement l'ancêtre de tous, il est clair que le gibbon et l'orang-outan ont évolué dans une direction différente de celle qui eût pu les conduire vers l'humanité. Chacun d'eux est beaucoup trop spécialisé dans son style de vie arboricole pour qu'il fasse rien d'autre sinon rester fidèle à un style de vie qui est le sien depuis toujours.

Au contraire, les gorilles et les chimpanzés n'ont pas suivi cet itinéraire exclusivement arboricole. Quelle que soit la spécialisation que développa le gorille, celle-ci tendit à augmenter fortement la taille de l'animal et à modifier son régime alimentaire qui passa des fruits et des feuilles ramassés dans les arbres à un menu plus varié d'écorces fraîches, de feuilles plus larges, de racines, de pousses de bambou et d'autres végétaux.

Le gorille développa simultanément ces deux spécialisations. En descendant au sol, pour se nourrir comme il le fait actuellement, le gorille se protège très efficacement de ses ennemis éventuels par le seul prestige que lui confèrent sa taille et son poids. Mais, en raison de ses dimensions, il a besoin d'une quantité abondante de cette nourriture végétale grossière qu'il obtient sur le lieu de son habitat. Aujourd'hui, on pourrait l'appeler un « ancien brachiateur ». Le gorille a conservé les moyens physiques de grimper et de cueillir à bout de bras, ainsi que les mains habiles, le cerveau développé et les longs bras de l'anthropoïde brachiateur; mais il est trop massif pour en user. Les jeunes gorilles sont vifs et s'aventurent dans les arbres, mais leurs aînés ne les y suivent pas. Ce sont des êtres qui vivent essentiellement au sol. S'étant taillé une « niche écologique » très satisfaisante là où ils vivent, les gorilles ne subissent aucune pression vers une évolution quelconque. Ces « éléphants du monde primate » sont de véritables forteresses qui ne craignent personne, excepté l'homme.

De tous les grands anthropoïdes, le chimpanzé est le moins spécialisé. Sa taille est un compromis : il n'est pas trop lourd pour grimper dans les arbres, mais assez robuste pour se défendre au sol contre les prédateurs, d'autant plus qu'il se déplace en groupe d'une puissance collective formidable. Cet animal se sent chez lui dans les deux milieux. Le chimpanzé qui reste un mangeur de fruits (mets favori : la figue mûre) est omnivore; il mange même de la viande : les œufs des oiseaux, les oisillons, les insectes, les lézards ou les petits serpents, et même à l'occasion un jeune babouin, sanglier ou céphalophe égaré.

Le chimpanzé est-il naturellement plus intelligent que le gorille ? Ce dernier est encore peu étudié; cependant, actuellement, la balance pencherait en faveur du chimpanzé. De nature, il semble nettement plus brillant. Les chimpanzés sont sociables, curieux et très ouverts. Ils aiment plaire. Ces traits de caractère s'inscrivent dans un comportement social très ancien et peu à peu développé. Ces animaux vivant en groupe évitent par instinct les querelles fréquentes, et potentiellement dangereuses pour les membres du groupe. Ils y parviennent, en rassurant le partenaire, en le touchant, en l'apaisant. « Je suis une brave bête », semblent-ils dire, « regardez-moi, observez-moi, et vous en serez convaincu ».

Les chimpanzés sont, en outre, des imitateurs très doués et très observateurs. Leur milieu social ouvert, grégaire et touche-à-tout les y encourage. Non contents d'user des branches comme outils, ces primates utilisent des cailloux pour écraser les objets. Ils lancent des bâtons et des pierres et brandissent de grosses branches lorsqu'ils sont menacés. Ils fabriquent des pseudo-éponges avec des boules d'herbe ou de feuilles pour collecter l'eau. Les chimpanzés savent même jouer du tambour sur les arbres et les troncs creux de la forêt, battant ceux-ci avec la paume de la main.

Les gorilles, au contraire, sont des animaux lents et renfermés, paisibles et conservateurs. Ils combattent rarement. Tout se passe, dirait-on, comme si leur prodigieuse force physique avait été délibérément contenue par une personnalité narcissique, une tolérance et une sorte de vague introspection, dont le but serait d'empêcher, entre membres de l'espèce, les combats meurtriers. Hormis le fait qu'ils lancent des branchages lorsqu'ils sont dérangés, on ne connaît pas aux gorilles d'autre usage des outils. Seuls les jeunes jouent avec des objets comme tant d'autres mammifères, mais jamais les gorilles adultes.

Le comportement des chimpanzés et des gorilles a sans doute progressé au même rythme que leur évolution physiologique, et nous pouvons présumer qu'une société rappelant celle des gorilles et chimpanzés actuels existe depuis plusieurs millions d'années. Il est facile de comprendre que le gorille conservateur s'est engagé dans une impasse évolutive en devenant un végétarien paisible. Mais, au premier coup d'œil, on saisit mal pourquoi le chimpanzé dont les qualités paraissent être exactement celles qu'un autre anthropoïde descendu au sol a transmises à l'homme, n'est pas lui-même devenu un de nos semblables.

En étudiant le problème de près, l'échec du chimpanzé pour s'élever au-dessus de sa condition actuelle ne recèle aucun mystère. Le chimpanzé moderne représente l'effet d'un processus classique de divergence, consistant en la séparation progressive d'une population unique en plusieurs sous-populations, dont chacune se dirige dans une direction légèrement différente, pour aboutir à l'occupation d'un habitat différent. Supposons que le processus ait commencé chez un anthropoïde non spécialisé qui ne différait pas sensiblement d'un chimpanzé. Cependant, il était sans doute plus petit, avait des bras plus courts, et ses goûts alimentaires étaient plus éclectiques que ceux du chimpanzé actuel, par le fait qu'il était plus disposé à rechercher ailleurs de nouveaux aliments. Bref, le monde lui était ouvert. Un être de cette sorte peut s'engager dans n'importe quelle direction.

Si dans une région de l'habitat des anthropoïdes se trouvent de grandes forêts et des figuiers en abondance, la tentation sera grande de rester dans les arbres et de se spécialiser toujours davantage comme brachiateurs et fructivores. Je dis « tentation ». Cela ne signifie pas que les anthropoïdes aient jamais opéré le moindre choix conscient. Ils ont vécu leur vie, génération après génération, choisissant aveuglément la voie la plus facile.

A une autre époque et dans une autre région, cependant, l'espèce put rencontrer un milieu quelque peu différent : moins de figuiers, mais une abondance de graines, de baies, de tubercules ou d'insectes, et d'autres nourritures accessibles au sol. Un tel environnement a pu encourager le développement d'un animal de formes et d'habitudes légèrement différentes. Les primates brachiateurs arboricoles dépendent d'abord de leurs bras pour se déplacer. Les singes vivant au sol, par contre, ont besoin de jambes plus fortes pour marcher. S'ils ont acquis une longue expérience de la position assise, de l'attitude verticale et de la suspension dans les arbres, on comprend qu'ils aient pu se redresser souvent dans leur vie terrestre, ne serait-ce que pour regarder au-dessus des hautes herbes, comme le font encore aujourd'hui certains anthropoïdes ou certains singes, ou peut-être même simplement pour marcher.

Puisque ces anthropoïdes vivant au sol possèdent déjà des mains assez développées pour tenir les objets, cela constituera une incitation supplémentaire à se redresser sur leurs membres postérieurs, parce que tel est le moyen le plus commode et le plus efficace de transporter la nourriture. S'ils savent déjà traditionnellement faire usage de cailloux, de baguettes et de branches et autres instruments divers (comme c'est d'ailleurs le cas pour les chimpanzés), ces primates transporteront sans doute ces accessoires avec eux, et cette habitude renforcera les pressions en faveur d'une posture verticale toujours plus prolongée. Est-il possible que ces facteurs aient conduit à l'apparition d'un chimpanzé de stature droite, au cerveau développé, très intelligent, et à tendance culturelle? Telle est la question que l'on ne peut s'empêcher de se poser.

Théoriquement, la réponse serait affirmative si nous voulions dénommer chimpanzés les descendants « redressés » de ce « pré-chimpanzé ». Mais tel n'est pas le cas. Nous donnerons à cet anthropoïde qui se tenait droit le nom d' « Australopithécidé » et nous réserverons l'appellation « chimpanzé » au mangeur de figues qui préféra rester dans l'arbre.

Ces proto-chimpanzés et ces proto-Australopithèques ont pu vivre côte à côte dans le même milieu tandis qu'ils élaboraient lentement leurs processus évolutifs; puis, graduellement, ils commencèrent à se séparer par des différences de comportement aussi bien que par des frontières géographiques. Nous ne saurons jamais ce qui déclencha d'abord cette divergence dans leurs évolutions respectives. Peut-être est-ce simplement le fait que les meilleurs collecteurs de figues accaparaient tous ces fruits, ce qui, à leur insu, obligea tous les autres anthropoïdes à céder bon gré, mal gré, la place; ceux-ci ont pu alors trouver plus facile d'émigrer au sol plutôt que d'essayer de concurrencer dans les arbres ces congénères de grande taille.

Soulignons que cette évolution ne s'est pas produite brutalement. Ce processus a pu se dérouler au cours de temps désespérément longs, et totalement hors de la conscience ou de la volonté des êtres qui en étaient l'objet. Jamais aucun anthropoïde ne décida que son avenir était au sol et, en conséquence, qu'il se séparerait de ses congénères arboricoles.

En réalité, ce fut au cours d'une immense période de temps que se développa, chez un anthropoïde qui savait déjà regagner le sol pour se nourrir, ce besoin progressif, au cours duquel il acquit un ensemble de caractéristiques physiques et le comportement qui convenaient parfaitement à la vie terrestre. Au contraire, le chimpanzé resta définitivement le mangeur de figues à longs bras qu'il est encore aujourd'hui. Jamais il n'abandonna vraiment sa vie arboricole; il n'en éprouvait d'ailleurs nullement le besoin.

Résumons-nous : le point délicat ici paraît être l'ordre, le rythme et l'époque auxquels se sont déroulés ces processus. En quittant les arbres trop tôt, vous devenez un singe quadrupède, et quadrupède vous resterez, comme par exemple le babouin. Il vous faut attendre jusqu'à ce que vous soyez devenu un grimpeur capable de préhension à bout de bras et que vous ayez développé une certaine tendance à l'attitude verticale et à l'usage de vos mains. Cependant, si vous vous attardez exagérément dans les branches, vous acquerrez définitivement le comportement de brachiateur (ce qui se passa pour le gibbon et l'orang-outan; ils demeurent maintenant dans les arbres, à jamais, avec leurs bras extrêmement longs).

Notre ancêtre anthropoïde dut choisir exactement son moment afin de ne pas se trouver englué dans un habitat spécial et trop restreint; c'est alors qu'il devint le premier anthropoïde à adopter sur le sol un comportement neuf. De cette manière, les droits du *squatter,* c'est-à-dire du « premier occupant », lui furent acquis, et c'est ainsi que nous sommes devenus hommes. Quant aux autres anthropoïdes qui auraient pu accéder également à la condition humaine, on peut supposer qu'ils hésitèrent un peu trop longtemps, et finirent par se diriger dans des directions légèrement différentes, pour aboutir au chimpanzé et au gorille actuels.

Où se trouvent les fossiles — les fameux sites à hominidés d'Afrique orientale

En quête du passé de l'homme, l'expédition de Leakey progresse parmi les plaques de sel sec dans le désert de Chalbi, sur la route du lac Turkana.

Nos ancêtres pré-hominiens ont évolué dans une région étroite de lacs et de rivières entourée de forêts et qui court nord-sud sur 8 000 km du Moyen-Orient à l'Afrique du Sud *(carte, page 13)*. C'est la fameuse Rift Valley qui a connu depuis plus de 20 millions d'années des bouleversements géologiques continuels; le sol réagit comme un immense joint d'expansion qui s'est élargi et creusé à mesure que les différentes parties de l'écorce terrestre se disloquaient.

Ces bouleversements, joints aux variations de climat, ont périodiquement fait monter et baisser le niveau des eaux dans la Rift Valley. Les lacs et les rivières ne se déversaient pas dans la mer, comme partout ailleurs, mais ils se rassemblaient au fond d'une dépression intérieure comparable au grand bassin de l'Ouest américain.

Les effets produits par cette rétention des eaux ont été triplement favorables à l'évolution de l'homme. Premièrement,

par la création d'un milieu favorable très anciennement dans la région. Deuxièmement, par une bonne conservation des fossiles : puisque l'eau ne s'écoulait pas vers la mer, les limons ont lentement rempli les lacs; les ossements restent là où ils se sont déposés et sont recouverts lentement par des sédiments ou des cendres volcaniques. Troisièmement, une érosion récente a mis à nu dans certains coins des couches anciennes, facilitant ainsi la tâche des chercheurs de fossiles.

Les abords du lac Turkana

Une rose du désert fleurit après une pluie dans des sédiments riches en fossiles, près du lac Turkana.

Au centre, Richard Leakey et ses collaborateurs voyagent à dos de

Les explorations anthropologiques que Richard Leakey effectua dans les régions situées à l'est du lac Turkana, souvent à dos de chameau en raison du terrain, révélèrent qu'il existait de très larges zones susceptibles de donner lieu à des découvertes sensationnelles de restes d'hominidés fossiles. Les couches superficielles du terrain correspondaient à la période (datation entre 4,5 millions et 1 million d'années) où l'homme avait évolué des hommes-singes dans cette partie de l'Afrique. Il semblait possible que les ossements des hominidés et des animaux qui avaient vécu côte à côte au bord des lacs fussent simplement recouverts par des boues et de l'argile.

Près du lac lui-même, à Koobi Fora, ces espoirs se réalisèrent. Richard Leakey découvrit un crâne d'hominidé âgé de 1,8 million d'années, et qui gisait en surface à découvert, sur un éperon rocheux. De plus, s'étendant au nord vers la frontière éthiopienne, une zone de 3 000 km² formait un vaste site où des fossiles d'hominidés et leurs outils ont été découverts en grand nombre.

...ameau dans des terrains par ailleurs inaccessibles près du lac Turkana. Ils purent ainsi déceler la présence de fossiles d'hominidés indiscernables en reconnaissance aérienne.

Les régions désolées du Triangle Afar

Des pluies saisonnières ont raviné ces collines de Hadar, dans la région Afar en Éthiopie, où Donald Johanson et d'autres savants ont commencé à exhumer des fossiles

Le Triangle Afar, situé au nord-est d'Addis-Abeba, en Éthiopie, est une région semi-désertique, pratiquement inhabitée. A différentes époques, entre 1 et 4 millions d'années avant notre ère, la majeure partie de cette étendue désolée, répartie sur quelque 130 000 km², était recouverte par un lac immense. Elle est désormais pratiquement aride.

C'est là que, en 1975, l'anthropologue Donald Johanson, du Muséum d'histoire naturelle de Cleveland, découvrit « Lucie », le célèbre squelette d'Australopithécidé. Il y exhuma en 1976 des fragments de crânes, des mâchoires et des ossements d'une bande d'Australopithécidés regroupant au moins 13 membres qui auraient péri lors d'une inondation. Johanson attribua à ces Australopithécidés primitifs, datant de 3 millions d'années, le nom d'*Australopithecus afarensis*.

La région d'Afar s'est révélée de loin le site le plus prolifique du monde en fossiles remontant au pliopléistocène et pourrait aisément occuper une armée d'anthropologues pendant un siècle.

en 1973. Les dépôts de vase, de sable et de cendres volcaniques d'où furent extraits les fossiles sont visibles dans les couches multicolores à flanc de coteau.

Lothagam : le plus ancien fossile pré-humain connu

Ce chemin plat forme le lit d'une rivière de sable découpé à travers les couches de Lothagam Hill. Ici il pleut suffisamment pour que poussent quelques palmiers. Fossile

Lothagam est situé près de l'extrémité sud du lac Turkana. C'est une vallée formée par une ancienne rivière qui a creusé de très vieux dépôts de lacs. Ici, les couches ont été ramenées vers la surface par des mouvements de l'écorce et ont formé une butte visible : Lothagam Hill. Cette colline qui consiste en couches successives de sédiments lacustres, se dresse en une paroi verticale au-dessus du paysage environnant. Elle révèle des couches riches en fossiles, en profondeur, dont l'ancienneté est supérieure à tous les autres sites d'Australopithécidés. A Lothagam, les couches fossilifères à fleur du sol ont été datées entre 5 et 6 millions d'années. Une érosion récente a sculpté et dégagé les flancs de ces couches inclinées; c'est dans une de celles-ci qu'en 1967 l'expédition de Bryan Patterson découvrit la mâchoire de Lothagam. Ce fossile, daté de 5,5 millions d'années, est le plus ancien vestige d'Australopithèque découvert à ce jour. On ignore quelle étiquette spécifique il conviendrait d'apposer à cette mâchoire. Certains pensent qu'il s'agit d'un *afarensis* archaïque, mais ce vestige se trouve dans un tel état qu'une identification précise est impossible.

...d'hominidé très archaïque, la mâchoire de Lothagam fut découvert dans une couche sédimentaire surplombant les strates rougeâtres des falaises visibles à droite et à gauche.

Omo : un paysage aussi verdoyant qu'autrefois

Les berges de la rivière Omo sont couvertes de forêts épaisses, comme la région où vivait Australopithecus *dont les fossiles n'ont pas été découverts ici, mais dans les*

Le seul endroit du pays qu'habitait *Australopithecus* et où l'environnement n'a guère varié depuis se situe sur les rives de la rivière Omo *(ci-dessous),* au nord du lac Turkana. L'Omo draine l'eau de pluie en provenance de la chaîne de hautes montagnes situées au nord en Éthiopie, et c'est pourquoi le lac ne s'est jamais complètement asséché durant les derniers milliers d'années où a régné dans la région le climat actuel extrêmement sec.

Aujourd'hui, la rivière Omo est un cours d'eau paisible. Elle coule en larges méandres à travers la plaine qui était autrefois submergée par les eaux du vaste lac Turkana. La couleur de l'eau provient de la quantité de boue et d'argile qu'elle charrie; celles-ci se déposeront au fond du lac pour former une nouvelle couche de sédiments. La rivière reste en eau toute l'année, ce qui maintient une riche ceinture de forêts bordée par des savanes sur les deux rives. S'ils vivaient encore aujourd'hui, les Australopithécidés reconnaîtraient probablement le paysage, mais les chasseurs de fossiles doivent s'éloigner de la rivière Omo pour fouiller les zones désertiques et érodées de chaque côté de la rivière.

régions désertiques voisines où les anciennes couches affleurent.

L'érosion a profondément creusé la formation fossilifère Shungura située près de la rivière Omo.

La gorge d'Olduvai : ici fut découvert le chaînon manquant

La gorge d'Olduvai se divise en deux branches. L'une d'elles apparaît au premier plan, et l'autre est située derrière la butte dont on voit les dépôts par couches

La gorge d'Olduvai, située à quelque 700 km au sud du lac Turkana, formait autrefois un lac dont le fond, il y a 2 milliards d'années, se trouvait au niveau de la partie la plus profonde de la gorge actuelle. En conséquence, le lac s'est rempli lentement par les dépôts de sédiments successifs provenant des montagnes environnantes, jusqu'à ce que le fond se soit élevé de 100 mètres environ et ait formé la plaine que l'on voit à l'horizon sur la photographie ci-dessous. Alors, voici environ 50 000 ans, l'eau des pluies saisonnières commença à creuser la plaine, approfondissant lentement la gorge au fur et à mesure qu'elle rongeait les dépôts du passé.

C'est dans cette gorge que Louis et Mary Leakey, alertés par la découverte d'outils de pierre, ont commencé leurs travaux. Ils ont fouillé intensivement cette région sur 7 km au moins en amont et en aval du point montré ici. C'est ainsi qu'ils ont non seulement découvert le premier témoignage fossile de *habilis*, ancêtre direct de l'homme âgé de 1 750 000 ans, mais qu'ils ont repéré environ 70 sites recélant des outils et des restes de pré-hominiens ou d'animaux fossiles (ou bien les trois ensemble).

Leakey fit sa première découverte d'hominidé au fond de la gorge. Des dépôts plus récents, formant la falaise du cañon sont âgés d'environ 500 000 ans.

Chapitre quatre :
Un milieu favorable, la savane

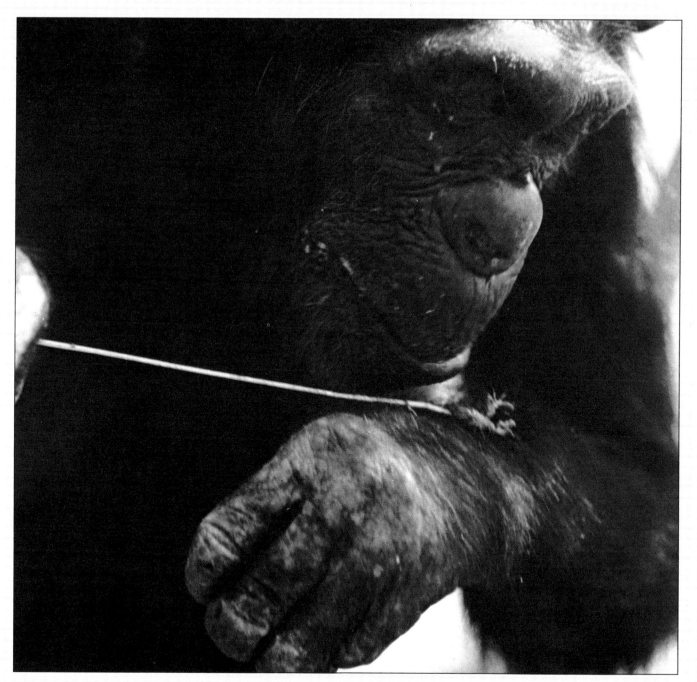

Utilisateur d'outils entraîné, comme le prédécesseur de l'homme, un chimpanzé se prépare à manger les termites qu'il a capturés en enfonçant dans le nid des insectes une longue paille.

Définition d'un pamplemousse : c'est un citron qui a eu de la chance et qui en a profité. — Oscar Wilde

Dans tout roman policier, le lecteur doit comprendre progressivement la trame de l'intrigue sans que celle-ci ne devienne jamais invraisemblable, même si elle est stupéfiante. En matière d'évolution, nous comprenons le sens général de l'histoire : les anthropoïdes sont devenus des hommes, mais nous ignorons à peu près tout des péripéties intermédiaires. L'ensemble du processus nous paraît rationnel d'après les indices, mais nous ne sommes pas certains du déroulement exact de l'action. Nous savons que les Australopithèques ont existé et que certains ont évolué jusqu'à l'homme. Nous soupçonnons approximativement l'étendue du temps que ce processus a demandé, et nous commençons à comprendre pourquoi certains primates ont atteint l'humanité et non pas les autres. Il nous faut maintenant explorer l'histoire évolutive des primates, comparer les singes et les anthropoïdes, afin de découvrir ce qui a conduit ces derniers jusqu'à l'homme.

Le passage du singe à l'homme peut s'expliquer par l'analyse de deux facteurs : les fossiles et le comportement des primates actuels. Le passage de la vie arboricole à l'existence au sol fut certainement progressif chez nos ancêtres anthropoïdes et les deux styles coexistèrent sans doute pendant très longtemps en lisière de la forêt et de la savane.

Sherwood Washburn de l'université de Californie, à Berkeley, prétend que les premiers hominidés ont dû marcher en s'appuyant sur les phalanges des membres antérieurs. En effet, c'est ainsi que se comportent le chimpanzé et le gorille. Dotés de très longs bras et de courtes jambes, ceux-ci s'appuient sur les phalanges, penchés en avant comme le *goal* d'une équipe de football se tenant dans ses buts, ou encore à la manière d'un homme qui se penche en avant et s'appuie des mains sur une table. Les chimpanzés se redressent alors facilement.

Les hominidés, jusque-là quadrupèdes, durent, en descendant des arbres, devenir des brachiateurs et s'appuyer sur leurs phalanges; cette attitude a peut-être formé un stade intermédiaire entre la quadrupédie et la bipédie. Certains anthropologistes, comme Charles Oxnard, contestent le fait, en observant que l'omoplate de l'homme rappelle celle de l'orang-outan qui, lui, ne marche pas vraiment sur les phalanges. Cette théorie implique que l'homme primitif, de taille aussi massive qu'un orang-outan, était devenu un acrobate arboricole accompli, et que, lorsqu'il descendit au sol, il adopta directement la marche bipède (comme le gibbon actuel, autre singe acrobate).

David Pilbeam de l'université Yale fait observer que la colonne vertébrale des meilleurs spécimens d'Australopithèques découverts compte six vertèbres lombaires. Les chimpanzés et les gorilles n'en ont que trois ou quatre, ce qui supposerait qu'ils en ont perdu deux au cours de l'évolution qui les a amenés à marcher sur les doigts repliés. L'hominidé, à cinq ou six vertèbres lombaires, n'est peut-être jamais passé par l'étape de la marche sur les phalanges. Lorsqu'on aura étudié à fond le squelette trouvé par Don Johanson, notre datation de l'évolution de la bipédie sera peut-être plus précise.

Que nos ancêtres aient d'abord pris appui sur les phalanges avant de se redresser, ou qu'ils se soient maintenus en équilibre sur leurs deux jambes, ils ne sont pas devenus de bons marcheurs en l'espace d'une nuit. On imagine beaucoup plus aisément un passage progressif à la bipédie efficace, au cours d'une longue période de temps vécue au sol durant laquelle des forces sélectives encouragèrent l'attitude verticale, plutôt que de penser à un redressement soudain. En effet, la marche bipède efficace exige une anatomie spéciale du pied et du bassin, ainsi qu'un développement des muscles fessiers et de ceux de la jambe, caractéristiques dont les anthropoïdes arboricoles sont dépourvus.

De quelle sorte de forces s'agit-il ? Ici encore, Washburn donne une réponse. Il nous rappelle que les anthropoïdes, parce qu'ils sont des brachiateurs, manifestent une tendance vers la station droite, absente chez les singes; ce sont également des utilisateurs d'outils. Washburn place cet « anthropoïde-en-passe-de-devenir-homme » sur le sol, au sein d'un environnement nouveau où il trouve des objets à ramasser, des pierres à lancer, des branches et des gourdins à brandir lorsqu'il veut menacer ou se défendre. Le savant suppose qu'une évolution progressive dans les habitudes alimentaires a conduit ce primate à abandonner un régime composé essentiellement de fruits cueillis dans l'arbre, pour adopter une alimentation extrêmement diversifiée trouvée au sol. Les ingrédients de ce nouveau régime doivent être assommés, écrasés, tués; notre ancêtre a dû vaincre au combat et disputer de vive force ses proies aux autres animaux. Washburn estime que cet anthropoïde vivant au sol a dû utiliser toujours davantage ses mains pour porter des objets, faire des outils ou des armes; il conclut que ces divers usages des objets constituèrent la force propulsive qui conduisit l'ancêtre de l'homme à adopter une attitude verticale permanente.

En bref, l'homme devint bipède parce qu'il devint utilisateur d'outils. En faveur de sa théorie, Washburn s'appuie sur les preuves fossiles qui démontrent une utilisation archaïque des armes, spécialement l'extrême petitesse des canines de l'Australopithécidé mâle. Chez tous les autres primates de grande taille vivant au sol (chimpanzé, gorille et surtout babouin), le mâle exhibe d'énormes canines, véritables crocs. On pense que ces fortes dents servaient à la défense de son propriétaire contre les puissants et dangereux prédateurs auxquels doivent faire face les animaux vivant au sol. Pour qu'un hominidé mâle parvînt à survivre au sol sans posséder ces dents puissantes, il fallut donc logiquement qu'il eût disposé d'autres moyens de défense. Washburn prétend que ce furent les armes et les outils.

L'argument suivant lequel l'usage des outils a engendré la bipédie peut être inversé, et de nombreux experts l'ont souligné, notamment Bernard Campbell, anthropologiste britannique, et J. T. Robinson, d'Afrique du Sud. La théorie contraire prétend que l'homme devint bipède dès le moment où il descendit de l'arbre, et que ce fut cette bipédie elle-même qui lui permit, en libérant ses mains, de porter des objets et de devenir ainsi un utilisateur d'outils. Si l'on suppose que l'homme a marché dès le début sur ses deux jambes, selon cette théorie, la sélection naturelle aurait inévitablement déterminé les modifications nécessaires du bassin, des os des jambes, des pieds et de la musculature de l'hominidé d'une manière propice à ce mode de vie.

Des désaccords se manifestent au sujet de savoir si l'usage des outils détermina d'abord la marche ou si ce fut la marche qui engendra l'usage des outils, mais tout le monde est unanime à reconnaître l'importance de l'utilisation des outils pour stimuler le développement du cerveau, et orienter les hominidés sur la voie de l'humanité.

Il faut noter que si les chimpanzés utilisent ou fabriquent des outils, ceux-ci ne leur sont pas indispensables. Les chimpanzés peuvent s'en passer. Cependant, cette extraordinaire caractéristique que possèdent certains de ces animaux, bien qu'elle ne soit pas développée et qu'elle ne soit pas obligatoire à la survie, existe cependant. A lui seul, le chimpanzé démontre ainsi qu'un anthropoïde doué d'une bonne dextérité peut développer une tradition d'utilisation d'outils élémentaires, rien qu'en passant un certain temps sur le sol où il peut ramasser divers objets.

Nous ne saurons jamais quel fut le chimpanzé qui captura pour la première fois des termites avec une paille, ni combien de temps il fallut pour que cette activité se généralisât dans l'espèce. Jane Goodall ne sait pas encore avec certitude comment le chimpanzé d'aujourd'hui exerce cette faculté, s'il s'agit d'intelligence innée, lui permettant de concevoir de son propre chef cette activité, ou au contraire si chaque nouvelle génération de chimpanzés l'apprend de la précédente. Elle sait que les jeunes ont l'occasion d'acquérir ce comportement de leurs aînés qu'ils observent attentivement et dont ils s'efforcent de copier les faits et gestes.

Jane Goodall observa chez les chimpanzés de Gombe un autre talent : celui de lancer des objets. Ses comptes rendus sont extrêmement intéressants pour plusieurs raisons. D'abord, ils révèlent qu'il s'agit d'un comportement bien établi : un certain nombre d'individus de l'espèce s'y livrent, et dans diverses circonstances. Ensuite, ses observations suggèrent que l'action du lancement exécutée par le chimpanzé, bien qu'elle soit souvent comiquement maladroite, se révèle finalement utile. Dans la vie du chimpanzé, le « bluff » et les manifestations d'agressivité jouent un grand rôle. Lorsqu'il se livre à ces exhibitions, l'animal saute, agite les bras, hurle, jette des cris perçants et charge. Ce comportement est encore plus intimidant s'il est accompagné par le lancement de bâtons, de détritus divers ou de pierres. L'efficacité de ces agissements explique évidemment pourquoi ils font maintenant partie intégrante des mœurs typiques de l'espèce chimpanzé.

On ne saurait dire que le chimpanzé actuel est un athlète parfait. Sa taille ne dépasse pas 1,50 m au plus, et

il n'impressionne pas l'homme. En fait, il s'agit pour ce singe d'en imposer non pas à l'homme, mais à ses propres congénères, ainsi qu'aux babouins, aux léopards et autres concurrents ou ennemis. Le fait de savoir lancer des projectiles est extrêmement impressionnant pour les autres animaux, et on peut croire qu'en cas de pression sélective les chimpanzés amélioreraient leurs performances avec le temps.

Déjà, Jane Goodall, dans la réserve de Gombe Stream, a constaté que certains chimpanzés, naturellement doués, étaient capables de progrès. M. Worzle (tel fut le nom que Jane lui donna pour le reconnaître) devint un très bon lanceur de pierres, en s'adaptant remarquablement aux exigences d'une expérience. Pour attirer les chimpanzés près de son campement et mieux les observer, mais sans qu'ils ne quittent leur habitat, Jane Goodall prit l'habitude de disposer des bananes. L'exposition insolite de cette nourriture attira aussi des babouins et il s'ensuivit des affrontements. Les babouins apprirent vite à se ruer sur les jeunes et les femelles et à les terroriser, mais ne réussirent pas à intimider M. Worzle. Il commença par lancer en direction des babouins des brindilles, et même des bananes, et tout ce qui lui tombait sous la main. Peu à peu, il comprit que les meilleurs projectiles, c'étaient les pierres et il se mit à en lancer de plus en plus grosses sur ses ennemis.

Voici un autre fait remarquable. Un chimpanzé de Gombe Stream, nommé Mike, réussit, grâce à son intelligence, à s'élever d'un rang inférieur jusqu'à la dominance de la troupe. Autour du camp des Goodall se trouvait un certain nombre de bidons d'essence vides. Mike les découvrit et commença à les lancer sans préavis sur les mâles dominants de la troupe de chimpanzés.

Généralement, le chimpanzé charge uniquement après s'être livré à tout un cérémonial de cris, de menaces et

82

Un feedback positif, qui constitue le mécanisme clé dans l'évolution humaine, est un effet à contre-réaction de facteurs qui s'influencent mutuellement : par exemple, la marche verticale (en haut) n'a pas été cause en elle-même de la faculté de lancement (deuxième rangée), mais elle permit d'améliorer la précision du lancement qui, elle-même, contribua à améliorer la marche. Les six développements évolutifs représentés horizontalement (flèches) ont tous réagi entre eux de cette manière bien qu'il ne soit pas possible de relier verticalement chaque étape d'une rangée à l'autre.

d'excitation croissante. Les mâles dominants ne se laissent pas impressionner par leurs subordonnés, qu'ils ignorent, mais ils furent terrorisés par l'attaque soudaine de Mike ainsi que par la dimension et le bruit des bidons de vingt litres projetés sur eux. Mike resta définitivement maître du champ de bataille. Plus tard, un par un, les anciens chefs de la troupe vinrent lui faire leur acte de soumission, lui manifestant les mêmes signes de respect et d'obéissance que, jusqu'à ce moment-là, Mike leur avait prodigués.

A ce moment, Jane Goodall décida de cacher les bidons vides pour éviter d'autres dégâts, mais le mal était fait. Mike avait gagné le sommet de la hiérarchie, rang qu'il conserva pendant des années. A défaut de bidons, il vainquit le n° 1, Goliath, par des démonstrations bruyantes et en brandissant classiquement un gourdin. Le plus impressionnant, raconte Jane, est de constater que, contrairement au comportement impulsif des autres chimpanzés, Mike avait agi de sang froid et avec préméditation. Il « stocka » préalablement les bidons vides, puis il passa délibérément à l'action pour s'emparer du pouvoir.

Ici encore, il s'agissait d'un élément étranger au milieu naturel : dans les forêts tropicales, on ne trouve pas ordinairement de grands bidons métalliques vides ! Mais les réactions de Mike et de M. Worzle (le chimpanzé qui apprit rapidement à jeter des pierres) indiquent la souplesse, la faculté d'improvisation que possède potentiellement un animal intelligent et physiquement apte, lorsqu'il est confronté à une nouvelle situation, ou qu'il a l'occasion de réagir d'une manière nouvelle à une situation traditionnelle.

Étant donné la capacité à utiliser les outils, à imaginer et à innover qu'ont les chimpanzés, et peut-être les pré-chimpanzés, et compte tenu d'autre part que la continuité

LOCOMOTION

LANCEMENT

DENTS

USAGE
DES OUTILS

VOLUME
DU CERVEAU

CHASSE

immuable du milieu forestier dans lequel ces animaux vécurent pendant des millions d'années n'a pas stimulé leur évolution aussi vite que dans un autre environnement, une question se pose : dans quelles conditions, dans quel milieu naturel, un animal doué d'une capacité analogue aurait-il pu évoluer plus rapidement ?

De nombreux anthropologistes pensent que ce fut simplement le sol, la savane arborée située en lisière de forêt, d'une part, et se continuant, de l'autre, par de grasses prairies ouvertes. On peut supposer qu'un nouveau milieu comportant de nouvelles ressources alimentaires, présentant de nouvelles opportunités, mais aussi de nouveaux dangers, a pu être exploré d'une nouvelle manière par un animal doué d'un nouveau potentiel. Là notre ancêtre hominidé a dû, pense-t-on, évoluer et développer les qualités particulières qui devaient le conduire jusqu'à l'humanité actuelle. Mais, élaborer des théories qui rendent compte de cette évolution reste difficile. On dit que le babouin n'a pu parvenir jusqu'à la condition humaine parce qu'il était un singe quadrupède, et donc incapable de développer une tendance à l'usage des outils et à la bipédie ; en outre, si le gorille et le chimpanzé ont échoué parce qu'ils étaient confortablement installés dans un milieu forestier favorable, ne leur offrant donc aucun stimulus d'évolution pour émigrer vers la savane afin d'y acquérir la station verticale, comment expliquerons-nous le succès de ce « singe tertiaire », pour reprendre l'expression par laquelle Charles Darwin dénommait notre ancêtre au siècle dernier ? Pour échafauder une théorie valable, nous devons trouver un argument quelconque qui justifie la présence de nos ancêtres pré-hominiens sur le sol, à la lisière des forêts ou dans la savane, puis développer une autre théorie capable de rendre compte de l'interaction de ce milieu et du caractère hominidé jusqu'à l'avènement de l'homme.

Une méthode pour résoudre cette question en développant ces deux arguments simultanément consiste à invoquer le « feedback » positif (*) : c'est-à-dire l'effet de renforcement que les qualités spéciales du pré-homme ont dû, suppose-t-on, exercer en se stimulant l'une l'autre en direction d'un développement mutuel accru et accéléré. Le feedback positif constitue un phénomène bien connu. Ses effets sont visibles dans la formation de vagues océaniques anormalement hautes qui s'accumulent sous certaines conditions, ou dans les vibrations de plus en plus grandes qui se manifestent dans le fonctionnement des moteurs ; par un effet de résonance, les vagues elles-mêmes semblent contribuer à produire des vagues plus hautes et les vibrations de plus grandes vibrations. Il existe de nombreuses raisons qui nous permettent d'appliquer le concept de feedback positif à l'évolution. Toutefois, un problème se pose. Nous le comprendrons mieux en scindant les éléments qui composent ce feedback en questions et en réponses :

Question : Ainsi les hominidés primitifs utilisaient les outils, n'est-ce pas ?

Réponse : Nous pouvons supposer qu'ils le firent. Comme les chimpanzés, ils possédaient les aptitudes nécessaires qu'ils conservèrent en quittant la forêt.

Question : Mais par quoi fut stimulé le développement de cette faculté ?

Réponse : Dans la savane arborée, nos ancêtres avaient besoin d'outils pour assurer leur propre défense.

Question : Et pourquoi cela ?

(*) On appelle « feedback » tout système dans lequel les causes et les effets réagissent les uns sur les autres. Une installation de chauffage central à thermostat représente un exemple de feedback simple : sous l'effet de la chaleur dégagée par la chaudière, une tige de métal se dilate. A un certain degré de température (réglable), l'extrémité de la tige actionne un dispositif mécanique qui coupe l'alimentation de la chaudière. Ensuite, à mesure que la température descend, la tige se contracte. La chaudière se rallume et le cycle recommence, gardant la température dans les limites du réglage. N.d.t.

Réponse : Parce qu'ils n'avaient que de faibles canines.

Question : Et pourquoi leurs canines étaient-elles si réduites ?

Réponse : Parce que posséder de plus grandes canines était devenu superflu. En acquérant la station verticale, ils acquéraient simultanément de plus grandes facilités pour l'usage des armes. Ces armes leur permettaient de mieux se défendre; ainsi des canines très développées comme armes de défense n'étaient plus nécessaires.

Ceci représente un modèle classique de feedback. Une fois ce raisonnement amorcé, on voit que chaque élément influe sur l'autre, y compris cette conséquence extrêmement importante : le développement du cerveau. Le seul inconvénient de ce processus, c'est de constituer un cercle vicieux. Les canines ne se réduiraient pas de taille parce que vous avez besoin d'utiliser des outils et d'adopter la station verticale pour vous protéger vous-mêmes par suite de vos petites canines !

Le fait que ce raisonnement tourne en rond a été souligné par l'anthropologiste britannique Clifford Jolly qui fait remarquer que plus un feedback approche de la perfection, plus il semble impossible d'amorcer le processus. « Si tous les éléments dépendent si nettement de tous les autres, observe-t-il, jamais rien ne pourra se produire ! »

En réfléchissant à ce dilemme, Jolly s'efforça de découvrir un élément qui ne dépendît pas des autres, c'est-à-dire un facteur qui eût donné la poussée initiale produite par quelque influence extérieure. Comme tant d'autres anthropologistes, il fut frappé par les remarquables différences existant entre les dents des hominidés les plus primitifs et celles des autres singes anthropoïdes. La présence de canines et d'incisives de faibles dimensions, contrastant avec des molaires anormalement développées, devait s'expliquer de quelque manière.

Puisque la structure des dents et de la mâchoire est certainement reliée aux habitudes alimentaires, Jolly estima logiquement qu'il fallait rechercher une modification du genre de nourriture qui pût expliquer les particularités dentaires de nos ancêtres hominidés, c'est-à-dire leur évolution par rapport au régime précédent essentiellement constitué de fruits. Remarquant que *Homo sapiens* moderne, dans l'état actuel de l'évolution, a conservé un régime alimentaire dépendant encore de grains de céréales (c'est-à-dire de graines de végétaux), le savant commença à se demander si, à une époque quelconque dans le passé, les premiers hominidés n'avaient pas adopté une nouvelle alimentation à base de grains.

L'étude détaillée de l'hypothèse émise par Jolly est complexe et une exposition précise des mensurations dentaires dépasserait le cadre de cet ouvrage, mais nous allons relever l'essentiel de cette idée intéressante.

Tout d'abord, il existait un milieu d'habitat particulier, pays ouvert très étendu, et un climat dont les variations saisonnières augmentaient. Une alternance de saisons sèches et pluvieuses reste un facteur important pour la couverture végétale d'un terrain. Sous les tropiques, le facteur essentiel pour le développement d'une forêt permanente est l'eau qui stagne en flaques ici et là en certaines saisons, et fait défaut le reste du temps. Ces deux conditions empêchent la croissance des arbres. Les feux de brousse allumés par la foudre, lors des orages en saison sèche, contribuent également à détruire les jeunes arbres. Citons encore les dégradations infligées aux végétaux par les animaux herbivores qui peuplent les pâturages naturels aussi vite que ceux-ci se créent.

Cependant, une savane ouverte riche en végétaux offre une source illimitée de nourriture à un anthropoïde qui possède une habileté manuelle suffisante pour se sustenter en cueillant rapidement, en décortiquant les graines, même très petites. Aujourd'hui, les babouins agissent ainsi; certains chimpanzés qui se sont acclimatés à une vie saisonnière en pays ouvert émigrent en plaine durant la saison sèche lorsque la nourriture disponible en forêt diminue. On peut donc supposer que notre ancêtre hominidé ait adopté ce comportement.

Que faut-il pour devenir un mangeur de graines efficace? D'abord, des molaires développées permettant de broyer de nombreux petits grains durs; ces dents doivent être recouvertes d'une couche d'émail suffisante pour résister à cette action de broyage. Ensuite, une musculature suffisante de la mâchoire doit procurer la force pour mâcher énergiquement, et une flexibilité suffisante dans son articulation pour permettre le mouvement latéral des mandibules qui est nécessaire à cette mastication.

Mais la meilleure souplesse de la partie arrière de la bouche ne servirait de rien si le mouvement latéral est limité par l'obstacle de larges canines se logeant dans les diastèmes du devant de la mâchoire. Si vous voulez mâcher à pleine bouche des graines de tournesol ou de pavot, vous remarquerez deux choses. Tout d'abord, lorsque vous actionnerez les mandibules pour broyer les graines, vos dents de devant se déplaceront autant, même plus, que les molaires. Si vous voulez contrôler le mouvement de vos incisives et de vos canines, comme devrait le faire un individu nanti de canines démesurées, vous découvrirez que le mouvement latéral des dents du fond est contrarié. De plus, vous ressentirez que le palais voûté de votre bouche, joint à la présence d'une langue épaisse et souple, constitue un mécanisme efficace pour repousser constamment la bouchée de graines sous les molaires pour rebroyage jusqu'à ce que celle-ci soit dans un état propre à être déglutie. Comme on le sait, la présence simultanée de molaires extrêmement développées et de faibles canines, d'incisives assez réduites et d'un palais voûté caractérise les Australopithécidés

des deux sexes, mais non les singes anthropoïdes actuels.

C'est là, estime Jolly, que se trouve la clé de l'évolution dentaire particulière aux premiers hominidés, et ainsi se forma la poussée initiale qui, à son tour, amorça le processus de *feedback*. S'il existe dans un nouvel environnement une abondance de nourriture sous forme de particules très petites comme les graines, et si un processus sélectif permet l'évolution chez les mâles de canines plus faibles afin de mieux utiliser ce régime alimentaire, il en résultera une diminution de la taille des canines.

Mais comment se fait-il alors que les babouins possèdent des canines très développées pour se protéger quand ils sont au sol? S'ils sont devenus des mangeurs de graines, pourquoi n'ont-ils pas subi cette atrophie dentaire?

Il faut rappeler la différence fondamentale existant entre les hominidés et les singes. Les premiers possèdent un héritage vital de station droite et des qualités potentielles d'usage des outils, qui font défaut aux seconds. Si un hominidé peut acquérir le talent de se protéger lui-même en utilisant des armes, ou au moins d'intimider des ennemis éventuels, de très grosses canines lui deviennent superflues. Mais les babouins ont besoin de cette forte denture, et ils la conservent encore aujourd'hui.

Du moins *certains* babouins la possèdent-ils. A une lointaine époque vivait une espèce de babouins, *Simopithecus,* qui, apparemment, menaient une existence entièrement au sol, où ils mangeaient les racines, les brins d'herbes et les graines. Cet animal était répandu en Afrique voici 4 millions d'années, mais l'espèce s'éteignit il y a 200 000 ans environ, sans doute par suite de la concurrence avec l'homme. Le trait intéressant de *Simopithecus* est que, outre le fait de posséder des molaires très développées, le mâle montrait également des canines réduites, fait exceptionnel chez un babouin.

Raisonnant sur ces particularités de *Simopithecus,*

Jolly montre que les dents de celui-ci se différencient de celles des autres babouins par suite de sa vie exclusivement au sol pendant une longue durée et du fait de son régime alimentaire. Ainsi les dents des hominidés ont commencé à se différencier de celles de leurs ancêtres dans un milieu semblable, en raison d'un régime alimentaire probablement identique à celui de *Simopithecus*.

Jolly a découvert au sujet de *Simopithecus* des éléments qui, selon lui, renforcent la théorie suivant laquelle les premiers hominidés furent eux aussi des mangeurs de graines. Il a effectué une comparaison physique détaillée entre, d'une part, un hominidé fossile ayant vécu au sol *(Australopithecus)* et son plus proche parent actuellement vivant (chimpanzé) et, d'autre part, entre un babouin fossile qui vécut au sol *(Simopithecus)* et les babouins modernes. Le résultat de cette comparaison montre que les différences existant entre *Australopithecus* et le chimpanzé sont très souvent semblables aux différences relevées entre *Simopithecus* et les autres babouins. Autrement dit, les hominidés fossiles et les babouins fossiles se ressemblent quant à la manière dont ils diffèrent de leurs plus proches parents. On peut exprimer d'une autre façon cette curieuse constatation : si les hominidés possèdent le moindre trait commun avec les babouins, pourquoi est-ce bien davantage avec *Simopithecus* et non pas avec les autres babouins ?

En effet, pourquoi ? Les comparaisons effectuées par Jolly soulignent un parallèle très intéressant, et exposent une théorie valable : celle de l'apparition du « singe tertiaire » sur le sol dans une savane arborée et à une date très ancienne ; sans doute ce primate n'a-t-il pas acquis immédiatement la bipédie, mais il possédait une aptitude héréditaire à marcher sur les phalanges, et des talents pour l'utilisation d'outils et d'armes ; ces capacités ont non seulement rendu possible la modification des molaires et des canines qui s'adaptèrent à un régime essentiellement composé de graines, mais encore elles encouragèrent l'usage intensif des outils, la dextérité manuelle et la marche bipède ; tous ces facteurs se combinent pour stimuler encore davantage le développement du cerveau. Nous voici donc enfin devant un « anthropoïde dressé » là où nous voulions le voir : dans la savane, et pourvu du genre de dentition que nous révèlent les fossiles de *Australopithecus* et de *Ramapithecus* que nous possédons.

Sherwood Washburn, quant à lui, ne souscrit guère à la thèse de l'hominidé mangeur de graines. Il estime que le régime alimentaire n'explique pas comment *Australopithecus* a développé sa denture particulière, composée de larges molaires et de petites canines. Pour Washburn, ces caractéristiques doivent être rapportées à l'utilisation progressive des outils et des armes, et au développement de la chasse.

Si je comprends bien la discussion, Jolly serait d'accord avec Washburn pour reconnaître l'importance de l'utilisation des outils et de la chasse, mais principalement pour expliquer comment les dents humaines ont évolué à partir de celles des Australopithécidés. Jolly regarde plus loin dans le passé : il veut découvrir comment les dents de l'Australopithèque ont évolué à partir de la dentition des anthropoïdes.

Finalement, à quoi devons-nous notre état actuel ? A un régime alimentaire de graines ou à l'utilisation d'outils ? Peut-être à ces deux facteurs conjointement, le premier ayant été le plus important dans les premiers stades, le second le devenant plus tard. Washburn suggère que l'usage de l'outil, à une certaine époque, marqua un tournant dans la formation physiologique de l'homme ; en outre, il expose des arguments sérieux sur le rôle de plus en plus accru de la chasse dans la vie des hominidés. Ces deux questions soulèvent des problèmes importants qui seront discutés plus avant.

Chapitre cinq :
La vie sociale des hommes-singes

*Lui qui n'a dans sa famille ni fou, ni coquin, ni mendiant,
a été lui-même créé par un éclair d'orage. — Dr Thomas Fuller*

Un anthropoïde qui se tenait droit! Avec des dents d'hominidé!

Pour commencer, rien de plus, hormis des discussions passionnées sur l'époque et le mode d'acquisition de la station droite. Mais, en outre, on constate d'autres caractéristiques « humaines » qui sont dues à un phénomène unique : le passage d'un anthropoïde forestier à la savane arborée.

La difficulté de retracer l'évolution de ce primate est de décider quel facteur a précédé et provoqué l'autre et quels furent leurs effets réciproques. Si l'on suppose que le changement de régime alimentaire — qui passa des fruits et des racines à la viande et aux graines — a pu être le catalyseur du processus, par où doit-on attaquer le problème ?

Il peut être commode de débuter par l'étude de l' « organisation sociale », en examinant les groupements qu'ont dû former les premiers anthropoïdes descendus au sol. Mais, depuis si longtemps, est-ce encore possible ?

Oui, tout au moins peut-on échafauder des théories valables. Puisque les premiers hominidés étaient très proches des chimpanzés fossiles, puisqu'ils partageaient la même savane que les anciens babouins, il serait bon de considérer l'organisation sociale des descendants actuels de ces espèces. En dépit de différences fondamentales, ces groupements possèdent des points communs importants, et notamment le caractère hautement organisé

Dans la réserve de Gombe Stream, en Tanzanie, un chimpanzé mâle joue avec un jeune congénère. L'aisance avec laquelle le plus petit se tient sur ses deux jambes pour jouer révèle l'aptitude du chimpanzé à la marche verticale et indique une proche parenté avec l'homme. L'allure du plus grand des deux animaux est typique de l'anthropoïde marchant sur les phalanges, le poids de la bête reposant facilement sur les doigts recourbés.

de leurs sociétés.

Loin de constituer un amalgame non structuré d'animaux désordonnés, brailleurs et capricieux, la société des chimpanzés ou des gibbons apparaît remarquablement stable, ordonnée, habituellement paisible et tranquille. Apparemment, l'ordre y est maintenu grâce à l'intervention complexe de cinq facteurs principaux. Le premier est le lien entre mère et enfant. Le deuxième se rapporte à l'âge de l'individu, qui détermine son passage d'un rôle dans la bande à un autre à mesure qu'il vieillit. La parenté constitue le troisième facteur : il s'agit des relations étroites qui unissent un singe à son frère, à sa sœur ou à sa mère. Quatrième facteur : les relations entre mâles et femelles adultes. Le cinquième est la dominance : chaque individu occupe une place précise dans l'échelle sociale du groupe.

En envisageant ces cinq points, on reconnaît rapidement qu'ils constituent encore dans notre société humaine des facteurs régulateurs importants. Ainsi, depuis très longtemps et dans trois espèces différentes, le jeu n'a pratiquement pas changé. Pour l'homme comme pour le chimpanzé et le babouin, les problèmes essentiels de l'existence se ramènent pour une large part à celui de l'entente entre congénères d'un même groupe.

Sherwood Washburn et David Hamburg, qui sont respectivement anthropologiste à Berkeley et psychiatre à Stanford, ont écrit les lignes suivantes sur le comportement des primates : « Le groupe constitue le foyer d'une connaissance et d'une expérience qui dépassent largement celles de ses membres en tant qu'individus. C'est par le groupe que l'expérience s'accumule et que les générations se relient entre elles. La fonction d'adaptation que constitue une jeunesse biologique prolongée permet à l'animal de faire son éducation. Durant cette période où l'animal reçoit l'enseignement des autres

Un jeune babouin fait son apprentissage de la vie avec un sub-adulte qui lui saisit la queue (à gauche), le renverse au sol (au centre) et fait le simulacre de

Le sub-adulte laisse le plus jeune lui rendre ses morsures par jeu. Ces activités communes contribuent à forger d'utiles liens amicaux. Le caractère ludique

mordre (à droite). C'est une leçon pour le jeune : il peut être bousculé sans être blessé.

cette lutte est garanti par la surveillance attentive de la mère du plus jeune (à droite).

membres du groupe, il est également protégé par eux. Un long développement réalisé isolément signifierait simplement un désastre pour l'individu et l'extinction pour l'espèce. »

« Une jeunesse biologique prolongée. » Réfléchissons un instant à cette notion. Le babouin ne devient adulte qu'au bout de six ans et le chimpanzé au terme de 10 ou 15 années. Ce lent développement est nécessaire au jeune primate supérieur pour apprendre tout ce qu'il doit savoir sur la manière de s'intégrer à la société complexe dans laquelle il est né. Celle-ci a été souvent comparée aux sociétés d'abeilles et de fourmis mais elles en diffèrent notablement : les insectes sociaux vivent en groupes hautement organisés, mais leur apprentissage est pratiquement nul. Ils n'en ont d'ailleurs pas besoin, puisque leurs réactions sont programmées dans leur code génétique, et leur comportement rigoureusement défini. Mais, dans une société plus souple, où l'éducation a remplacé la programmation, et dans laquelle l'individu se trouve confronté journellement à une multiplicité de choix possibles et d'attitudes personnelles variées, une longue période d'apprentissage constitue pour le jeune une nécessité absolue.

La période d'éducation ressemble beaucoup à un jeu continuel, ce qu'elle est en réalité. Pour le chimpanzé, c'est l'équivalent de l'école... Il regarde sa mère chercher sa nourriture et il l'imite. En observant les adultes en train d'édifier leurs nids, les jeunes s'en bâtissent un, par jeu. Plus tard, durant une longue adolescence, le chimpanzé apprendra de ses aînés non seulement les techniques physiques mais aussi les qualités psychologiques indispensables pour vivre en groupe. Tout chimpanzé incapable de communiquer avec ses congénères a une espérance de vie limitée.

Avec le temps, le jeune passe des jeux enfantins à des

activités plus élaborées, dont dépendra plus tard son rang social dans le groupe. On peut noter deux sources d'éducation chez les primates : les relations familiales (de mère à enfant du même sang) et les relations collectives de l'individu avec les membres du groupe.

L'un des aspects les plus étonnants que présente une troupe de babouins est le phénomène de dominance mâle. Dans la plupart des groupes de ces singes qui ont été étudiés jusqu'à maintenant, on rencontre un individu Numéro un auquel les autres mâles obéissent habituellement. [Ces chefs sont souvent deux — ou même trois ou quatre — à se partager l'autorité supérieure, qu'aucun d'entre eux ne pourrait assumer seul.] En dessous de ces leaders, les autres mâles adultes se répartissent eux-mêmes par rang d'autorité décroissante. Bien qu'il existe toujours certaines luttes mineures pour le rang, et même des combats prolongés et acharnés pour les positions supérieures (ce qui est normal puisque celles-ci sont tenues ou briguées par les individus naturellement les plus forts, les plus capables et les plus déterminés), une hiérarchie à dominance tend, une fois établie, à rester remarquablement stable. Les individus membres du groupe évoluent à l'aise toute leur vie au sein de cette hiérarchie. Les inférieurs obéissent spontanément à leurs supérieurs lorsqu'il s'agit des préséances sur la nourriture, du droit aux femelles, du choix des gîtes pour la nuit, du « grooming », ou épouillage, à pratiquer ou à recevoir, etc.

Bien entendu, c'est la subordination tacite des inférieurs de la troupe qui assure la stabilité journalière de celle-ci, plutôt qu'une attitude systématiquement féroce de la part des chefs. Aux échelons inférieurs, le gibbon reste soumis. Il connaît sa place exactement comme l'employé d'assurances respecte la sienne par rapport au président du Conseil d'administration, ce respect de la hiérarchie étant la condition indispensable au maintien de toute société qu'elle soit humaine ou animale.

La dominance ne s'exerce pas de la même manière chez les chimpanzés que chez les babouins. Les premiers sont des êtres paisibles et tolérants où la hiérarchie reste assez relâchée et imprécise. Au contraire, parmi les babouins, l'autorité est très rigide. Cela tient au genre de vie différent. Les babouins se déplacent sur le sol, en terrain dangereux, et l'instinct de survie a favorisé l'apparition de mâles puissants et agressifs capables de protéger les femelles et les jeunes. C'est pourquoi on constate dans cette espèce un dimorphisme sexuel prononcé; par exemple, les mâles sont souvent deux fois plus forts que les femelles et ils sont armés d'énormes canines. Ils sont moins tolérants et se montrent très jaloux de leur autorité, sexuellement jaloux de leurs compagnes dont ils obtiennent respect et obéissance par un seul regard ou en montrant les dents. L'autoritarisme qui règne dans les sociétés de babouins et qui impressionna tant les premiers observateurs constitue une trame subtile de signaux et de réponses spécifiques indiquant menaces, réconfort, soumission, et dont la précision maintient une paix relative parmi des animaux dangereux et irascibles. Pourquoi n'assiste-t-on pas à des luttes perpétuelles entre mâles de divers rangs, entre jeunes ambitieux et vieux dominants affaiblis, ce qui devrait perturber la fixité de la hiérarchie ? Irven De Vore et K.R.L. Hall ont, après une étude approfondie, élaboré une hypothèse : ce sont les babouins femelles de haut rang qui maintiennent la cohésion sociale du groupe. Elles forment entre elles une aristocratie matriarcale fermée, dont le prestige est renforcé par l'union avec les mâles dominants et par des liens étroits de mère à fille et de sœur à sœur. Elles font corps et élèvent leurs petits dans la sécurité, tout en les préparant au statut de « babouins supérieurs ». Elles vivent protégées au centre du groupe. Au contraire, les femelles de bas rang les craignent et les respectent. Ces dernières vivent en marge, dans l'appréhension de recevoir un coup de dent ou une rebuffade et elles transmettent à leur progéniture ces sentiments de soumission, de crainte et d'infériorité. Il semble donc qu'à la naissance le rang social du jeune babouin soit déjà fixé.

La vie sociale du chimpanzé est plus complexe encore que celle du babouin, parce que les rôles des individus y sont moins stéréotypés et qu'il existe plus d'occasions pour chacun de s'exprimer. Vivant en milieu forestier, et assez bien protégés contre le danger des fauves rôdant au sol, les chimpanzés ne ressentent pas le besoin d'être si combatifs ou si fortement unis que les babouins, et ils ne le sont pas. Pour la même raison, on ne constate pas chez eux ce degré de dimorphisme sexuel existant chez les babouins. Bien qu'ils développent une hiérarchie à base de dominance, celle-ci est moins rigide. Les sociétés de chimpanzés sont plus ouvertes, plus novatrices, plus relaxées et plus tolérantes. La jalousie sexuelle n'existe pas, on y relève au contraire une promiscuité habituelle. Lorsqu'une femelle se trouve en état de réceptivité sexuelle et cherche à s'accoupler, tous les mâles intéressés du groupe « prendront la file » et attendront paisiblement leur tour — qui vient rapidement puisque la copulation proprement dite se pratique en quelques secondes et que le chimpanzé l'accomplit d'une manière presque machinale, parfois même sans cesser de manger sa banane ; pendant ce temps, les jeunes curieux s'agrippent et jouent avec le mâle en action.

Chez un animal aussi intelligent que le chimpanzé, qui dispose d'un éventail de réactions possibles plus large que le babouin, et d'un potentiel correspondant de relations plus complexes entre les individus, on croit parfois discerner une lueur qui annonce le souci d'autrui. Les chimpanzés sont sans doute centrés sur eux-mêmes à 99 %. Cependant, on les surprend assez souvent en train de partager royalement la nourriture (une fois qu'ils se sont eux-mêmes satisfaits) ou dans quelque acte similaire ; un tel comportement suggère la possibilité que le chimpanzé satisfait dans ce cas les besoins de ses compagnons. Un mâle dominant qui en a châtié ou effrayé un autre s'approchera pour le toucher afin de rassurer le coupable. Les liens familiaux tendent à être forts et de longue durée. Une des raisons tient à ce que la maturité du chimpanzé est très lente et que le jeune reste étroitement lié à sa mère bien après la petite enfance, et souvent même à tout frère ou sœur plus âgé qu'il peut avoir. Il est tentant de percevoir dans ces indices ténus et flous l'origine de la structure familiale, de l'amour, de l'altruisme et des autres qualités que nous sommes accoutumés à considérer comme l'apanage exclusif de l'homme. Mais gardons-nous d'en tirer hâtivement des conclusions. Tout ce que nous pouvons dire, c'est qu'un animal ressemblant à celui-ci a commencé à vivre de plus en plus souvent sur le sol plat en pays ouvert et qu'il s'est mis à développer un mode de vie de plus en plus différent afin de survivre dans ce nouveau milieu.

Nous considérons que l'unité familiale — père, mère et enfant — est naturelle. En effet, elle a toujours été le centre de l'évolution humaine depuis une époque si reculée que nous oublions qu'en remontant encore plus loin ces structures ont pu être différentes. Si, dans notre recherche des origines de la famille chez l'hominidé, nous prenons comme modèle probable la famille du chimpanzé, où l'on rencontre des affections tranquilles, des liens prolongés de mère à enfant et de frères de même sang, il nous faut alors expliquer l'apparition du père dans l'unité familiale.

En effet, dans la société du chimpanzé, le père n'existe pas. Puisque la promiscuité sexuelle est la règle générale et paisiblement observée, les pères ne peuvent être identifiés, ce qui serait d'ailleurs superflu. L'abondance de nourriture disponible dans la forêt supprime le besoin du père nourricier; les fauves prédateurs sont rares, d'où nul besoin de protecteur paternel. Alors, dans ces conditions, quelle est l'origine de la notion de paternité?

Ce concept du père résulte-t-il des conséquences d'une attraction sexuelle prolongée entre mâles et femelles? On sait que les humains se distinguent des chimpanzés, normalement adeptes de la promiscuité sexuelle, en ce sens qu'ils forment habituellement des couples permanents dont les deux partenaires éprouvent une attirance mutuelle, qui est continue et qui ne dépend absolument plus du cycle menstruel de la femme. Mais quand et comment les hommes y sont-ils parvenus? Le mystère reste complet. On sait que les animaux très sociables comme les chimpanzés apprécient le contact physique (grattage, épouillage, caresses diverses) ou le seul fait de rester assis ou couchés en contact corporel étroit. On peut alors supposer qu'une modification intervenue dans le milieu ou dans la structure sociale de la troupe a eu pour effet de rapprocher un mâle et une femelle pour des périodes de temps de plus en plus longues, provoquant ainsi le lent développement d'un intérêt sexuel continu dans le couple. On a également pensé que les périodes de réceptivité sexuelle de la femelle ont eu progressivement une durée plus

Les babouins communiquent entre eux en utilisant une gamme de signaux. Sur la page ci-contre, un mâle dominant bâille : il ne s'agit pas en l'occurence d'une expression d'ennui, mais d'une menace soulignée par l'exhibition des dents et la couleur des pupilles. Ci-contre, à gauche, ce babouin mâle reconnaît son statut inférieur en « présentant » sa croupe à un mâle dominant, qui rassure alors son congénère en lui touchant amicalement le dos.

longue, jusqu'à ce que sous la simulation des conditions mêmes ayant déterminé une intimité mâle-femelle prolongée, les cycles sexuels en vinrent à se chevaucher, rendant la femelle continuellement réceptive.

Mais quelles sont l'origine et la cause de l'allongement de cette période d'intimité entre mâle et femelle ? On n'en trouve pas trace chez le chimpanzé, où les mâles préfèrent la compagnie des autres mâles. Le phénomène n'existe pas davantage chez le babouin de savane vivant en Afrique orientale. Cependant, on le remarque dans certaines autres sociétés de babouins, notamment chez les espèces Gelada et Hamadryas. Ces deux espèces vivent en pays ouvert où non seulement la sécheresse est prolongée mais où les variations saisonnières de climat — et donc celles de la nourriture disponible — sont plus prononcées que dans les régions occupées par le babouin de savane. Ce dernier est un animal vivant en bordure de forêt et il bénéficie d'un milieu qui lui garantit tout au long de l'année une relative abondance de nourriture.

Ici, les différences de milieu coïncident avec les différences d'organisation sociale; cette corrélation a été observée par un éminent scientifique de l'université de Bristol, John H. Crook. Il a étudié l'organisation sociale de nombreux animaux, parmi lesquels certains oiseaux-tisserands d'Afrique et des antilopes, ainsi que des babouins. Crook a été frappé par l'uniformité apparente avec laquelle toutes ces créatures, par ailleurs entièrement différentes, réagissent à des changements de milieu comparables. Ces découvertes furent si évidentes qu'il formula l'hypothèse suivante : *Sous des conditions d'environnement identiques, les animaux sociaux tendront à développer une organisation sociale identique.*

Les conclusions de Crook sur l'organisation sociale sont trop complexes pour entrer dans le cadre de ce volume. Toutefois, l'examen de trois différentes sociétés de babouins d'Afrique exposera clairement la nature de sa théorie.

Les babouins sont des animaux extrêmement adaptables. Ils ne sont pas exagérément spécialisés du point de vue physiologique, ce qui leur permet de s'accoutumer à une large variété de conditions de vie. C'est ce que l'on constate chez tout animal physiologiquement généralisé et doué de qualités intellectuelles développées. L'homme lui-même en constitue le meilleur exemple. Grâce à son cerveau et à son sous-produit, la culture, il peut vivre dans les régions polaires avec un corps qui est fondamentalement le même que celui de son semblable vivant à l'équateur. Mais les babouins, ne disposant pas de culture, ont dû modifier leur organisation sociale afin de s'adapter à de nouvelles conditions d'existence.

De tous les babouins africains, l'espèce vivant dans la savane de l'Afrique de l'Est bénéficie du milieu le plus favorable — des lisières forestières où il peut se réfugier et qui lui offrent des arbres pour dormir, un climat relativement tempéré et une nourriture abondante d'un bout de l'année à l'autre. Dans ce cadre, le groupe est l'unité sociale la plus importante. Les relations familiales, à l'exception des liens de mère à enfant, restent secondaires. La notion qui évoquerait le mieux celle du père se trouve chez un mâle dominant qui, tout naturellement, exerce un « droit de cuissage » sur certaines ou sur toutes les femelles du groupe.

Au contraire, les Geladas ne se trouvent que sur les versants montagneux d'Éthiopie. Là le climat est plus rude, les variations saisonnières plus fortes, et la nourriture disponible plus aléatoire. En conséquence, les relations mâle-femelle ne sont plus les mêmes. Le groupe se divise pendant la journée en plusieurs unités séparées qui partiront à la recherche de nourriture : chaque petit groupe comprend un seul mâle adulte accompagné d'une ou de plusieurs femelles et de leurs enfants. Cette solution paraît d'une logique évidente : durant les périodes où la nourriture est rare, il est plus important pour la survivance de l'espèce dans son ensemble de nourrir suffisamment les femelles et les jeunes par priorité sur les mâles en surplus. Aussi longtemps qu'il se trouve un mâle puissant pour protéger les femelles et les féconder en temps voulu, les autres mâles peuvent être considérés comme un effectif excédentaire dont la seule utilité consiste à être des remplaçants, ou à former de nouvelles familles avec de jeunes femelles. Dans ce genre de structure sociale, les relations entre un couple donné mâle-femelle restent beaucoup plus durables que chez les babouins de savane. Sous cet aspect, la situation ressemble à l'unité fondamentale chez l'homme, la famille, et elle s'en approche davantage que la notion de troupe de babouins de savane ou même de troupe de chimpanzés. Il est significatif qu'à la saison des pluies dans les montagnes d'Éthiopie, lorsque la nourriture devient plus abondante, ces sous-groupes commandés par un seul mâle se dissolvent et reviennent s'intégrer dans des troupes plus importantes et plus conventionnelles à plusieurs mâles.

La société des babouins hamadryas est encore différente. Ces singes vivent dans une contrée plus sèche que les geladas : les pays rocheux d'Éthiopie et le désert de Somalie. Dans cet environnement, les groupes comportant un seul mâle sont la règle tout au long de l'année. La relation mâle-femelle est plus étroite que chez les geladas. Chaque mâle hamadryas surveille jalousement son harem, exigeant que ses femelles restent continuellement près de lui. Lorsqu'il se déplace, elles doivent le suivre, sous peine d'être mordues. Ce comportement particulier est si bien enraciné que, lorsqu'elle est menacée par son mâle, une femelle hamadryas courra toujours vers lui au lieu de s'enfuir.

Mais les hominidés sont extrêmement différents des babouins. Il n'en reste pas moins que la théorie de Crook est intéressante. En effet, si l'organisation sociale est façonnée par le milieu, on comprend que cela exige une longue période de temps pendant laquelle agissent les forces sélectives : ainsi, l'anthropoïde qui a quitté les arbres pour la savane, où prévalent des conditions différentes, a pu modifier son organisation sociale pour s'y adapter. La solution adoptée a dû varier de région en région, comme on le constate chez les divers primates modernes, babouins entre autres. En outre, la forme de société des hominidés a dû dépendre des variations saisonnières de l'eau et de la nourriture disponibles. Dans les cas extrêmes, les hominidés mâles en excédent ne devaient constituer qu'un surplus exploitable au profit de l'unité familiale à un seul mâle.

Ce personnage du père anthropoïde à petites dents, à station verticale, vivant au sol, n'existait pas dans la société tolérante du type chimpanzé, que connurent les hominidés durant leur vie arboricole. La réceptivité sexuelle permanente de la femelle n'a pu en soi susciter l'apparition du père mais elle peut y avoir contribué. Dans l'élaboration des structures primitives de la famille humaine, chez des créatures qui n'étaient pas encore des hommes, l'influence du milieu naturel a dû être prépondérante. Les familles à un seul mâle ont dû prévaloir partout où elles favorisaient la survie de l'espèce. Quant aux causes profondes de cette institution, nous en sommes réduits aux hypothèses. Disons seulement que le père, ou plutôt le mâle chef de famille, joue encore dans l'humanité moderne un rôle important. On en déduit qu'il est le résultat d'un très long processus qui a dû accompagner l'évolution de l'homme depuis une époque extrêmement reculée.

La question devient la suivante : à quand remonte l'apparition du père? Le modèle du babouin de Crook semble faire remonter très loin le lien entre mâle et femelle puisque celui-ci est basé essentiellement sur le genre de milieu; on peut donc s'attendre logiquement à voir cette institution se manifester très tôt après l'adoption par les hominidés de la vie au sol, où le problème du manque de nourriture saisonnier ne se posait pas. Ceci pourrait nous ramener à l'époque des plus anciens Australopithécidés, et même aux pré-Australopithécidés, mais ici commence le domaine des suppositions.

Les adversaires de la théorie de Crook prétendent qu'il est superflu de remonter si loin, ou de recourir aux sociétés de babouins pour expliquer la formation de la famille. Ces savants préfèrent examiner notre parent le plus proche, le chimpanzé, et ils attribuent les débuts de l'institution familiale à la consommation de viande et au partage de la nourriture, deux traits qui sont présents chez les chimpanzés, dans une faible mesure. Sherwood Washburn, chaleureux partisan de cette théorie, soutint que ces deux facteurs ont influencé le développement de liens permanents entre le mâle et la femelle. Puisque l'alimentation carnée entraîne une amélioration des techniques de chasse et puisque la pratique de la chasse commence à dépendre d'outils et d'armes plus efficaces et d'une meilleure marche bipède, le modèle de Washburn suppose que la formation de la famille s'est produite à une date sans doute plus récente.

Quoi qu'il en soit, tout le monde s'accorde à dire que

Le réconfort mutuel et un contact étroit sont importants pour les chimpanzés. Sur la page ci-contre, la femelle (à gauche) exprime son anxiété par une « mimique de peur » : elle montre les dents et obtient un geste de réconfort du mâle. Sur cette page, plusieurs chimpanzés s'épouillent mutuellement (en haut), passe-temps favori et source de confort pour l'espèce. C'est le « grooming ». La photo d'en bas représente un groupe de ces animaux occupant un nid commun.

le rôle du mâle comme chef de famille est un élément important de l'évolution des hominidés. Cette institution a influencé l'évolution de manière à renforcer l'efficacité des différents rôles joués par le mâle et la femelle dans la vie journalière ; le sens familial a influé sur le développement des meilleures techniques d'apprentissage vis-à-vis des jeunes, sur le développement de la notion de « foyer », ainsi que sur les questions de chasse et de partage de la nourriture. Tous ces facteurs sont évidemment reliés entre eux. Ils constituent un système complexe de « feedback ».

Ces différents rôles des membres du groupe suggèrent l'influence de l'évolution qui les façonna pour ces rôles. A titre d'exemple, les hommes sont habituellement plus grands et plus robustes que les femmes aujourd'hui encore, et cela remonte certainement à des millions d'années. Ces qualités sont tout indiquées pour les mâles protecteurs et chasseurs ; on perçoit aisément la relation simple et directe entre le physique et la tâche à remplir. Mais les hommes peuvent également courir plus vite que les femmes, et ici l'explication est complexe. Si la vitesse de l'individu à la course dépendait seulement de sa taille et de sa force, les hommes les plus grands et les plus forts seraient également les meilleurs coureurs. Or, on sait qu'il n'en est rien. Il existe donc une autre raison qui fait que la femme, plus fragile, n'est pas aussi rapide que le mâle, plus développé.

Il en est ainsi pour deux raisons. D'abord, la femme n'a pas besoin de courir vite. Le rôle qu'elle assumera toujours en priorité est celui d'une mère et d'une ménagère chargée de la cueillette de la nourriture : rien de tout cela ne nécessite une allure rapide. En second lieu, elle va être la mère d'enfants au cerveau toujours plus développé. L'anatomie du bassin la plus adéquate pour porter de tels enfants n'est pas celle qui convient le mieux à la course, ni même à la marche la plus efficace.

Avant que le pré-hominien ne devienne véritablement bipède, les os du pied, de la jambe et du bassin, ainsi que les muscles des jambes et les fessiers, ont dû évoluer. Bien que le chimpanzé soit relativement bon bipède, et même un coureur rapide sur une faible distance, son corps n'est pas efficacement construit dans ce but. Ses jambes sont trop courtes, ses pieds fournissent un appui insuffisant, les gros orteils pointent latéralement. Quant aux muscles fessiers, ils ne sont pas assez forts pour actionner suffisamment les membres inférieurs. La marche du chimpanzé se limite donc à une sorte de déhanchement : l'animal roule d'une jambe sur l'autre en reportant le poids du corps alternativement sur celle qui touche terre. L'homme normal, qui possède des jambes plus longues et plus rapprochées (ses cuisses, ses genoux et ses chevilles doivent pouvoir se toucher), est bien meilleur marcheur. Chez lui, le bassin de ses ancêtres anthropoïdes a évolué par torsion et aplatissement de l'os iliaque qui maintient mieux le corps à la verticale et fournit de solides attaches aux puissants muscles fessiers, lesquels actionnent vigoureusement les jambes. Les anthropoïdes modernes n'ont jamais atteint cette perfection, d'où leur allure déhanchée.

Cependant, l'évolution du bassin humain n'a pas agrandi chez la femme le détroit (orifice central). Un grossissement suffisant du bassin aurait contrecarré les améliorations évolutives qui avaient pour but de développer une meilleure aptitude à la marche. Cependant, le bassin de la femme hominidé a dû s'élargir progressivement pour laisser le passage au nouveau-né à cerveau toujours plus volumineux. Telle est peut-être l'origine d'une des difficultés de l'accouchement qui subsistent chez la femme moderne. La forme de son bassin se trouve être un compromis.

Lorsque les hominidés se répandirent dans la savane,

nous pouvons être certains qu'ils distinguaient déjà clairement les rôles à tenir par les mâles et par les femelles. Puisque ces pré-hominiens étaient plus intelligents que les babouins, leurs familles étaient encore plus conditionnées par les soins à donner aux enfants. Non seulement les petits grandissaient plus lentement, mais ils naissaient de plus en plus fragiles. Pour résoudre les problèmes contradictoires posés par le bassin étroit de la femme et le gros cerveau de l'enfant, la nature fit naître celui-ci à un stade précoce de son développement — avant que sa tête ne fût trop volumineuse; la mère se trouva ainsi condamnée à assumer les soins de sa progéniture pendant une période encore plus longue.

Étant donné l'action de tels facteurs, jointe à la pression évolutive en faveur de cerveaux toujours plus développés, qui entraînaient l'utilisation d'un outillage perfectionné, on peut logiquement présumer que les différences entre les rôles joués par les mâles et les femelles s'amplifièrent : en effet, ces dernières furent de plus en plus accaparées par leurs petits et plus dépendantes vis-à-vis des mâles auxquels elles commençaient à s'associer plus longtemps. La formation de couples plus durables développe l'assistance mutuelle. De nouveaux comportements deviennent alors possibles, et l'un d'entre eux concerne l'institution progressive du partage de la nourriture.

Les babouins et les chimpanzés partagent parfois leurs aliments. Les hominidés ont également pu posséder déjà des rudiments de cette pratique lorsqu'ils abandonnèrent la forêt. Dans la savane, les mâles, devenant de meilleurs marcheurs, virent leur rayon d'action s'étendre en conséquence; ils accrurent leurs chances de découvrir de petites proies à leur portée; plus tard, ils commencèrent à chasser systématiquement le gibier. L'incitation à partager la nourriture a dû se développer elle aussi. Il

est impossible de consommer sur place toute la chair d'une jeune antilope. On peut donc partager le restant avec d'autres chasseurs et rapporter le surplus à la femelle, moins mobile et encombrée d'enfants, avec qui l'on vit en association. Puisque la chasse suppose la poursuite du gibier sur des distances parfois considérables, certains membres du groupe doivent être laissés en arrière; ce sont très probablement les femelles et les jeunes. « Laisser en arrière » doit signifier qu'un endroit était choisi où les membres les moins mobiles du groupe seraient raisonnablement protégés, au moins un lieu que les chasseurs sauront retrouver; ainsi ont pu naître des rudiments de foyer familial.

Les chasseurs ne capturent pas toujours du gibier. Il arrive qu'à l'occasion ils rentrent les mains vides. En conséquence, dans presque toutes les sociétés vivant actuellement de chasse et de cueillette, les mâles ne rapportent de leurs expéditions qu'une partie de la subsistance nécessaire au groupe. C'est aux femelles qu'incombe donc la tâche de prévoir un complément variable de nourriture en faisant des réserves de fruits, de graines, de noisettes et d'autres végétaux. Cela permet de compenser les ressources aléatoires de la chasse parce que les noix, les graines, par contraste avec la viande difficile à conserver, peuvent être stockées et consommées à un rythme variant avec les besoins.

C'est ainsi que l'on peut imaginer que le partage de la nourriture a commencé par le partage des rôles entre le mâle et la femelle pour se procurer les divers aliments. Cette attribution des tâches sera respectée pendant des millions d'années. Aujourd'hui, on rencontre couramment cette division du travail dans les sociétés primitives qui vivent encore au stade de la chasse et de la cueillette.

Jusqu'à quel point cette répartition des tâches existait-elle à l'époque des Australopithécidés? Nous en restons

Manifestant un comportement étrangement humain, une femelle de chimpanzé de la réserve de Gombe Stream serre contre elle un petit âgé de quelques jours.

aux hypothèses. Les progrès ont dû être inégaux. Avant qu'une femelle ne pût collecter une quantité appréciable, il fallut qu'elle disposât d'un récipient dans lequel elle pût déposer, puis transporter sa cueillette. Cela évoque l'usage de paniers, de couffins ou de récipients quelconques fabriqués à l'aide de grandes feuilles ou de morceaux de peaux de bêtes. Nous ne possédons aucune preuve que les Australopithèques ont utilisé l'un de ces ustensiles, mais cette absence d'information ne prouve pas qu'ils en aient été dépourvus; en effet, il s'agissait sans doute de matériaux périssables, disparus avec le temps. L'usage des paniers a dû commencer un jour. Le portrait d'ensemble que nous avons pu reconstituer pour *Homo erectus* et sa culture nous démontre que cette créature était parfaitement capable de confectionner des récipients d'une manière quelconque.

Australopithecus possédait-il déjà cette faculté? Tout ce que nous pouvons dire est que voici au moins un million d'années, les femelles des hominidés avaient déjà commencé la collecte et le stockage de l'excédent de nourriture qui ne pouvait être consommée sur le moment. Cette méthode fut-elle inaugurée voici 2 millions d'années par *Homo habilis*, ou 3 millions d'années chez les types « graciles » plus archaïques? Un certain nombre d'experts considèrent que le cerveau des Australopithèques était trop rudimentaire pour qu'ils eussent conçu et utilisé des récipients. Et, pourtant, l'existence chez ces créatures de techniques assez élaborées de fabrication d'outils, qui ont été récemment démontrées par Mary Leakey, devrait inciter les anthropologistes à la prudence lorsqu'il s'agit d'affirmer de façon péremptoire que les hominidés primitifs pouvaient ou non accomplir ceci ou cela. Comme ce fut le cas des chimpanzés de Jane Goodall, plus nous avançons dans la connaissance des Australopithécidés, plus ils nous étonnent par leurs capacités.

Que résulte-t-il finalement de ces hypothèses?

Peu à peu se dessine l'image d'un hominidé social, possédant une structure de groupe et peut-être le rudiment d'une famille; sa société était complexe et organisée et sans doute basée sur la dominance. Cet hominidé avait quitté la forêt pour la savane arborée où il exploitait des sources de nourriture toujours plus diversifiées, y compris les graines. Disons qu'il était omnivore et mangeait tout ce qu'il trouvait. Il avait hérité les dispositions naturelles de l'anthropoïde à la bipédie, à l'usage des outils et à l'alimentation carnée. La vie dans la savane procure des avantages certains à toute créature qui sait développer ces traits et les exploiter. Pour son époque, l'Australopithèque était un bon marcheur à station verticale, laquelle d'ailleurs a pu être antérieure à cette période. La distinction des rôles entre mâles et femelles, correspondant respectivement aux tâches de chasse et de protection et à celles du ménage et de la collecte, commence à apparaître. Nous retrouvons ici le cercle du *feedback* positif: ces rôles sont non seulement nécessaires à la protection et au partage (il s'agit d'assurer la subsistance des enfants au cerveau plus volumineux mais au développement plus lent, ainsi que l'entretien de leurs mères), mais ils ont été rendus possibles par l'accroissement du cerveau qui est lui-même facilité par ce nouveau genre de vie reposant sur le partage, la bipédie et l'usage des outils.

Sous ce rapport, le seul fait de marcher avec facilité devient significatif. Washburn a souligné que de nombreux primates ne se déplacent jamais au-delà de quelques kilomètres du lieu où ils sont nés, et qu'ils sont ainsi condamnés à garder une vue étroite du monde environnant. Même un babouin, malgré sa vue perçante et bien qu'il puisse être tenté par on ne sait quelle vision propre à son espèce lorsqu'il scrute l'horizon du haut des arbres (d'où l'animal aperçoit un vaste monde comportant de nombreux mystères et des lieux inconnus), n'est jamais enthousiasmé par ces visions. Le babouin se tient habituellement à l'intérieur d'un domaine de 25 à 35 km². Les efforts déployés par K.R.L. Hall pour diriger les déplacements d'une bande de babouins furent assez réussis tant que ces évolutions restèrent dans le cercle limité que ces animaux considéraient comme leur zone d'habitat, mais il ne réussit jamais à faire franchir à la troupe les limites de son territoire ; les singes revenaient toujours dans la région dont ils connaissaient chaque arbre et chaque rocher et où ils se sentaient en sécurité. Naturellement, en choisissant la sécurité, ils renonçaient aux occasions d'apprentissage.

Pour les hominidés, dont le rayon d'action potentiel commença à augmenter à mesure que leurs aptitudes physiques à la marche s'amélioraient, les occasions de nouvelles découvertes et expériences s'accroissaient corrélativement. Une pression sélective s'exerçait en vue de développer des cerveaux plus volumineux qui puissent stocker une quantité croissante d'informations concernant un monde de plus en plus étendu. Avec l'augmentation de la mobilité, se développa un stimulus qui incita l'hominidé à transporter des objets sur de plus grandes distances, ce qui, en retour, stimula une meilleure bipédie, et permit donc une exploration plus lointaine.

Nous ne disposons actuellement d'aucun moyen de calculer le rayon d'action d'une bande d'Australopithèques. Celui-ci a sûrement varié d'un endroit à l'autre, et entre les bonnes et mauvaises années climatiques. Cependant, les déplacements restaient presque certainement proportionnels aux résultats obtenus, et ils s'étendaient peut-être à des centaines de kilomètres carrés. Cette augmentation du rayon d'action assura aux membres d'un groupe capable, si nécessaire, d'émigrer d'une région à l'autre, tous les avantages de la mobilité : échapper aux catastrophes naturelles comme la sécheresse ou l'inondation ou encore profiter de meilleures circonstances locales suivant le rythme des saisons. Enfin, avant tout, l'hominidé développait son expérience et gardait en mémoire les meilleurs moyens d'explorer son vaste domaine. En élargissant le choix des options disponibles, le pré-hominien au cerveau développé qui, de plus, pouvait parcourir de grandes distances, augmentait ses chances de survie.

Cela propose une solution à la plupart des problèmes soulevés par l'existence des premiers hominidés. Il reste à définir quelle était la taille des individus ainsi que l'effectif des bandes qu'ils formaient.

Depuis le début des années 70, le nombre total des pièces fossiles d'Australopithécidés, y compris certaines découvertes faites par Clark Howell, Coppens et Richard Leakey, a beaucoup augmenté mais il s'agit en grande majorité de dents et de fragments de mâchoires. Les os longs de bras et de jambes, qui en apprennent davantage, et qui représentent le seul indice pour estimer la taille des Australopithèques, restent encore extrêmement rares et incomplets. Toutefois, ceux que nous possédons autorisent quelques estimations grossières comme suit :

Le mâle *boisei*, qui semble être devenu le plus fort, le plus grand et le plus robuste de l'espèce pendant une période de plusieurs millions d'années, atteignait environ 1,60 m et devait peser quelque 100 kg, poids important. Les femelles de *boisei* devaient être de 15 à 25 % plus petites et ont dû peser à peu près la moitié du poids d'un mâle.

Tous les types « graciles », depuis les spécimens les plus petits d'Afrique du Sud jusqu'aux *habilis* plus grands et plus récents, ont dû se situer dans un éventail de tailles compris entre 1,30 m et 1,50 m pour un poids de 40 à 50 kg. Là encore, les femelles étaient un peu plus petites.

Robustus, jusqu'ici découvert exclusivement en Afrique du Sud, devait être intermédiaire en taille et poids entre *boisei* et *africanus.* Les mâles mesuraient environ 1,50 m et pesaient jusqu'à 75 kg. Quant aux femelles, leur taille était de 1,30 m environ et leur poids de 40 kg.

Les estimations avancées sur l'effectif moyen d'une bande d'Australopithécidés vont d'une douzaine d'individus à 50. Ces chiffres se basent sur l'effectif connu des troupes de chimpanzés, de gorilles et de babouins; ils tiennent compte également des limites qui ont dû exister (et qui d'ailleurs restent encore valables dans des cas semblables) à l'effectif des bandes de chasseurs et collecteurs de graines, en raison de la difficulté qu'eût éprouvée une troupe plus importante à assurer quotidiennement l'approvisionnement d'eau et la nourriture à la totalité de ses membres.

Quant à la durée de vie moyenne d'un Australopithèque, nous en sommes également réduits aux hypothèses. Le chimpanzé possède une espérance de vie d'environ vingt-cinq ans en liberté, bien que physiologiquement il soit bâti pour vivre au moins soixante ans. Les Australopithécidés, ses cousins, de taille comparable, peuvent donc se voir attribuer le même potentiel mais, comme c'est le cas pour les chimpanzés, cette espérance de vie fut sérieusement réduite en raison des conditions effectives d'existence. Le paléoanthropologiste Alan Mann a examiné la vitesse de croissance des dents chez les jeunes spécimens de fossiles du type « gracile » d'Afrique du Sud et le taux d'usure dentaire relevé parmi les adultes de la même population. Ses études montrent qu'aucun des individus n'avait dépassé quarante ans et que 1 sur 7 seulement avait atteint la trentaine. La durée moyenne de la vie de l'Australopithèque était d'environ vingt ans, ce qui en dit long sur les difficultés endurées par ces êtres pour survivre.

L'émigration dans la savane a finalement permis l'évolution d'êtres humains, mais plusieurs millions d'années durent s'écouler avant que ce mode de vie n'engendrât progressivement une existence meilleure et une longévité accrue.

Chapitre six : Armes et outils

Cinq jeunes lions se préparent à traquer les antilopes qui surviennent, selon une technique de chasse employée par les prédécesseurs de l'homme, les Australopithécidés.

Il est vain de la part des moutons de voter des résolutions en faveur du végétarisme, tant que le loup reste d'une opinion différente. — Dean Inge

Durant ses années passées en Tanzanie dans la réserve de Gombe Stream, Jane Goodall put approfondir son étude sur les chimpanzés en suivant de très près les étapes importantes de leur vie. Malgré l'affection que lui portaient les chimpanzés, Jane devait encore veiller attentivement sur son enfant, Grublin, qui vivait avec elle dans le camp : elle courait toujours le risque de voir l'un des chimpanzés tuer, puis dévorer Grublin.

Jane Goodall devait un jour découvrir fortuitement que les chimpanzés peuvent être carnivores : elle aperçut l'un de ces singes mangeant « quelque chose de sanguinolent » tandis que ses congénères attendaient leur part, groupés autour de lui : il s'agissait d'un jeune phacochère. Le fait se reproduisit à plusieurs reprises : Jane vit les chimpanzés partir en chasse, comportement déjà observé en 1961 par des savants japonais qui étudièrent l'espèce en Tanzanie.

Un chimpanzé en chasse se reconnaît aisément : son attitude est plus tendue, plus réfléchie et ses congénères le sentent. Il guette sa proie, consistant généralement en un jeune singe isolé, babouin ou espèce arboricole. Bien que la victime choisie s'échappe parfois, secourue par les siens, les chimpanzés prélèvent, chaque année, un tribut assez important de chair fraîche. Ils sont très excités par la viande. Ils mâchent soigneusement, avalant simultanément des bouchées de feuillage. L'animal vainqueur de sa proie abandonne une partie aux autres, la carcasse, par exemple, qu'il dépèce lui-même et distribue à ses congénères autour de lui. Aucune préséance n'est, semble-t-il, respectée dans cette opération, contrairement à ce qui se passe pour la dégustation des fruits :

apparemment, le chimpanzé qui s'est emparé de chair fraîche se voit reconnaître le droit d'en user à sa guise.

La révélation du fait que les chimpanzés chassent, mangent de la viande et partagent leurs proies (bien que souvent à contrecœur) entraîne d'importantes implications lorsqu'on veut comprendre le développement de la chasse et du partage tels que les hominidés les pratiquaient. On peut maintenant supposer que ces caractères furent conservés par ces primates lorsqu'ils émigrèrent de la forêt vers la savane. Désormais, nous comprenons pourquoi la tendance à l'alimentation carnée a pu se développer chez ces créatures dont les ancêtres étaient fructivores; elles possédaient potentiellement le goût de la viande, comme un grand nombre d'animaux. Il a suffi que leur nouveau milieu les incitât à en consommer.

Le développement de l'agriculture et la progression accélérée des civilisations au cours des cinq derniers millénaires tendent à obscurcir un fait essentiel : à savoir que nos ancêtres ont presque certainement vécu de chasse et de cueillette pendant plus d'un, sinon 2 ou 3 millions d'années. Ces êtres ont magnifiquement réussi dans cet art, et un grand nombre de nos caractères physiques et certains de nos traits émotionnels les plus profondément ancrés remontent à notre longue carrière de chasseurs. Au cours des 3 derniers millions d'années de leur évolution comme hominidés bipèdes, nos ancêtres ont sans doute consacré 99 % de leurs activités à la chasse. Le genre de vie moderne où l'on ne chasse presque plus, et que nous regardons complaisamment comme un comportement humain, ne représente dans le temps que la durée d'un souffle par rapport à une journée entière de respiration.

Avant d'étudier les armes et les outils avec lesquels chassaient nos ancêtres, examinons brièvement comment et à quel degré la chasse a pu se développer chez les premiers hominidés. Nous allons parler des travaux de George Schaller, qui nous invite non à nous concentrer sur les primates et leur comportement, mais à étudier les autres espèces qui rôdent et qui chassent dans la savane africaine. Schaller a écrit : « Puisque les systèmes sociaux sont fortement influencés par les conditions psychologiques, il me semble qu'il pourrait être plus fructueux de comparer les hominidés aux animaux qui montrent des similitudes écologiques mais non nécessairement phylogénétiques avec eux, j'entends les carnivores sociaux. »

Il est aisé de comprendre pourquoi les systèmes sociaux sont influencés par les conditions écologiques. En effet, nous avons déjà entendu John Crook en parler dans un contexte légèrement différent.

— Fort bien, mais pourquoi les carnivores sociaux ? Cela comprend-il le lion ?

— Oui, exactement. Nous savons que les hominidés primitifs possédaient un potentiel apte à la marche verticale, à l'usage des outils et à une alimentation carnée, toutes qualités héritées de la vie forestière. Mais essayons de comprendre comment, à l'époque où ces êtres devinrent des habitants de la savane ouverte, vivant en groupes sur le sol, ils développèrent lentement ces aptitudes et caractères. L'étude du comportement des autres carnivores dont les bandes vivaient également dans le même milieu va nous y aider.

Des grands carnivores africains, le lion, le léopard, le guépard, la hyène tachetée et le chien sauvage, tous, à l'exception du léopard et du guépard, sont des animaux sociaux qui ont développé deux traits d'importance vitale : la chasse collective et le partage de la nourriture.

Schaller cite cinq avantages que la chasse en commun apporte aux carnivores sociaux, par rapport aux individus solitaires. 1. Une bande de hyènes chassant en commun capturent en moyenne trois frois plus de gibier qu'un individu isolé. 2. Le groupe peut s'emparer de plus gros animaux : ainsi les chiens sauvages, dont le poids ne dépasse pas 20 kilos, capturent des zèbres atteignant 250 kg. 3. Pas une parcelle de la viande n'est perdue. La totalité est consommée sur place par le groupe. Au contraire, un carnivore solitaire comme le léopard doit, une fois rassasié, traîner dans un arbre le reste de la carcasse, afin de la soustraire aux autres prédateurs, hyènes, chacals, etc. 4. La chasse collective fait apparaître une certaine division du travail. Les chiens sauvages laissent en arrière quelques adultes mâles pour garder les petits à la tanière et, au retour de l'expédition, ils régurgitent pour nourrir les jeunes animaux et leurs gardiens de la viande avalée sur le lieu de chasse. A l'inverse, un lion qui s'est emparé d'un animal monte la garde près de sa proie jusqu'à l'arrivée des autres membres de la troupe. Dans la savane, les carnivores occupent un rang proportionnel à leur puissance, le lion en premier, puis vient le léopard et, enfin, la hyène et le chien sauvage. La puissance du nombre peut bouleverser cet ordre. Pages 114 et 115, on voit une lionne incapable de défendre sa proie (une girafe) contre l'attaque d'une douzaine de hyènes affamées.

Ces cinq avantages décrits par Schaller en laissent entrevoir implicitement un sixième : la plus grande variété de techniques de chasse dont disposent les groupes d'animaux par rapport à celle des individus isolés.

Les chiens sauvages pratiquent une sorte de course-relais : la victime fuit souvent en décrivant un large arc de cercle. Une partie des mâles la poursuivent en ligne droite, derrière elle, tandis que d'autres prennent la corde et gagnent l'animal de vitesse. Les lions pratiquent le rabattage du gibier. Ils poussent leur proie vers d'autres lions placés en embuscade, ils la cernent ou ils l'acculent dans un défilé ou un cul-de-sac bien gardé. Telles sont d'ailleurs les techniques utilisées autrefois par les chasseurs hominidés. Le partage de la nourriture est très important pour ces carnivores. Si les lions se battent parfois à mort en se disputant les carcasses, c'est parce qu'ils ont développé la notion de solidarité durant la chasse exclusivement. Au contraire, chez les hyènes et les chiens sauvages, cette solidarité est totale : les mâles adultes attendent, devant la proie fraîche, que les jeunes, plus lents, arrivent et se servent par priorité. Les soins aux jeunes restent vitaux pour une espèce où la mortalité des adultes est très élevée. Quant aux sujets en bas âge restés à la tanière, ils vont lécher les babines des mâles revenant de la chasse; ceux-ci régurgitent alors la nourriture que les jeunes se partageront. De même, les sujets faibles, malades ou trop âgés sont ainsi alimentés par leurs congénères.

La coopération et le partage des proies confèrent aux carnivores sociaux des avantages appréciables. Pour un hominidé qui s'aventure dans la savane ouverte, le comportement collectif serait encore plus intéressant. Plus il étendra son rayon d'action, plus grandes seront ses chances de s'emparer de petits gibiers comme les lièvres, les oiseaux au nid, et les nouveau-nés de plus grandes espèces d'herbivores. Non seulement il sera de plus en plus stimulé pour chasser et pour tuer ces proies alimentaires mais, fait encore plus important, il commencera à les rechercher et à réfléchir toujours davantage aux techniques et aux terrains les plus propices. Ses ambitions grandiront progressivement à mesure qu'il se rendra compte que les individus infirmes ou âgés, même d'espèces de forte taille, tombent à sa merci. Mais, plus grand est le gibier, plus le besoin de coopérer se fait sentir. Lorsque l'hominidé se sera emparé d'une quantité relativement importante de viande grâce à cette fructueuse coopération,

il sera de plus en plus tenté de partager avec ses semblables.

Ici encore c'est un *feedback* positif qui va jouer. Plus efficace s'avèrera un comportement particulier, plus l'animal intelligent saura se souvenir et choisir librement son comportement et plus il continuera à expérimenter ce qui a précédemment réussi. Chaque capture d'animal renforcera la motivation du chasseur pour rechercher le même type de gibier. Chez les chimpanzés de Gombe Stream, Jane Goodall put observer que la force de la motivation pour la chasse variait : la capture fortuite d'un jeune babouin fournira un appoint alimentaire très apprécié et incitera l'animal à chasser de nouveau. Mais, si le gibier est plus difficile par rapport à d'autres nourritures plus accessibles, le chimpanzé se désintéressera alors de la chasse jusqu'à une nouvelle bonne fortune.

Par contre, les hominidés durent être plus régulièrement et plus puissamment motivés par les succès obtenus à la chasse en terrain plat, où d'ailleurs la nourriture végétale était plus rare. Ils ont donc transformé en acquit permanent le goût passager pour la viande que les ancêtres des chimpanzés avaient dû développer. Comme pour les carnivores, le partage des proies a facilité parmi les hominidés la survie des sujets faibles, malades ou âgés. En effet, observons le sort réservé au babouin malade, blessé ou traînard, aussitôt abandonné par ses congénères. Ce singe isolé et sans défense est condamné à mourir de faim ou sous la dent d'un fauve.

Le fait de rapporter la nourriture jusqu'à l'endroit où un individu malade ou blessé en profitera sans risquer une aggravation de son état pourrait être une question de vie ou de mort, particulièrement pour un hominidé dont la croissance et les processus d'apprentissage sont très lents; par ailleurs, cette créature restait exposée, en raison de son régime carné, aux ravages de parasites intestinaux qui pouvaient l'affaiblir. Un babouin à la jambe cassée ou atteint de dysenterie est presque certainement un animal sacrifié. Dans un cas semblable, l'hominidé aurait pu survivre.

Ainsi se retrouvent chez le pré-hominien ces traits particuliers : la coopération lors de la chasse et le partage des proies que l'on rencontre chez le carnivore social. Au stade le plus primitif, le résultat a pu produire un être du type Australopithécidé : c'est un chasseur qui use de nouvelles techniques — il marche sur deux jambes, il utilise des armes, et son cerveau est constamment stimulé et aiguisé par cette nouvelle technique jusqu'à ce qu'il devienne finalement un chasseur extrêmement habile.

Mais cet accomplissement « final » exigea un nombre considérable de millénaires : une période démesurément longue dut ainsi s'écouler avant que l'habileté des pré-hominiens ne fût suffisante pour que le monde animal reconnût en eux des êtres dangereux. A mesure que les techniques des hominidés s'amélioraient, la faune environnante commençait à flairer le danger. Au temps des derniers Australopithèques, voici deux millions d'années ou davantage, il est presque certain que ce type de pré-hominien était devenu un chasseur redouté de tous les animaux, sauf des plus grands herbivores. Les grands carnivores, lions et léopards, prélevaient encore un tribut sur son espèce. Les hyènes ont pu l'attaquer en troupe, car ces animaux sont très agressifs lorsqu'ils ont l'avantage du nombre. Mais le chasseur hominidé était sans doute lui aussi agressif. Il est vraisemblable qu'il se trouvait en concurrence directe avec les hyènes et les chiens sauvages, leur disputant leurs proies, défendant les siennes contre leurs attaques, et luttant pour s'approprier les cadavres des grands animaux découverts en brousse. Au cours de ces affrontements, la victoire revenait sans doute au parti le plus nombreux et le plus agressif.

Porc-épic

Oryx

Sivatherium

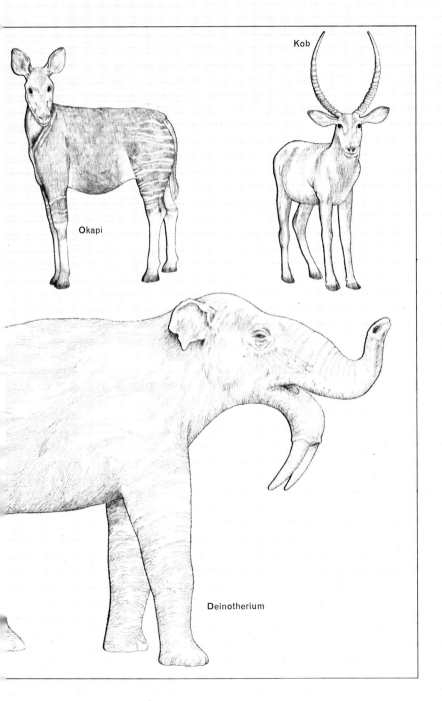

Kob

Okapi

Deinotherium

Cependant, la chasse commença sur une échelle très modeste, assujettie au hasard dans la découverte de petits animaux. Fait également important, sans doute dans les premiers temps, et peut-être pendant une période assez longue, l'homme primitif était un « nettoyeur de carcasses » : il recherchait le gibier déjà mort, soit d'une cause naturelle soit tué par d'autres animaux, et il disputait ces proies aux autres prédateurs dans la mesure de ses forces. Ceci constituait le côté opportuniste de l'alimentation carnée et, ici encore, le comportement des hominidés évoque celui des carnivores sociaux, lesquels sont passés maîtres dans cet art. Bien qu'un lion surprenant des hyènes en train d'engloutir une proie fraîche soit capable de les chasser, les hyènes, si elles reçoivent des renforts, peuvent contraindre à leur tour le lion à fuir. Que deux ou trois lions surviennent au moment opportun, et la victoire à nouveau change de camp.

Un autre aspect fascinant de la vie sociale des carnivores est la diversité et le peu d'importance que revêt la dominance dans leurs rangs. Si ces animaux doivent coopérer pendant la chasse, l'agression existant entre les individus doit être libérée ou éliminée d'une manière quelconque. Cela reste très difficile dans une hiérarchie verticale. On imagine mal un groupe de babouins très hiérarchisés oubliant leur agressivité mutuelle au point de savoir chasser en commun, mais les carnivores y parviennent. Chez les lions, les mâles dominent les femelles, mais seulement parce qu'ils sont plus fort. Les

Les ossements découverts dans des habitats d'hominidés à Olduvai nous révèlent l'alimentation de ces chasseurs primitifs. Quatre des espèces qu'ils traquaient subsistent aujourd'hui en Afrique : l'oryx, l'okapi, le porc-épic et le kob (antilope-lyre). Deux autres sont éteintes : Sivatherium, *girafe primitive au cou bref et épais et aux cornes recourbées; et* Deinotherium, *sorte d'éléphant à trompe courte, et qui possédait une mâchoire inférieure étrange et des défenses courbées vers le sol.*

Comme les chiens qui chassent représentés dans la séquence ci-contre, les hominidés primitifs ont pu, pense-t-on, parvenir à isoler du troupeau un animal faible, comme dans ce dessin montrant la capture d'une gazelle. Les hominidés ne pouvaient concurrencer ces animaux à la course, mais ils savaient sans doute traquer leur proie vers quelque embuscade ou cul-de-sac, ou simplement épuiser l'animal en le poursuivant sans relâche.

femelles n'acceptent pas cette soumission et, souvent, elles combattent pour leur part de nourriture. Il n'existe aucune hiérarchie parmi les lionnes elles-mêmes, à qui revient le travail essentiel de la chasse. Les chiens sauvages constituent une société libérale et paisible dans laquelle la dominance peut varier, mais reste peu accentuée. Ces comportements contrastent avec la dominance hiérarchisée de nombreuses espèces de primates. Si l'on cherche un modèle au comportement pré-hominien, on peut citer le chimpanzé qui lui est proche génétiquement, ou le babouin qui vit dans un milieu semblable. La dominance apparaît comme un facteur de cohérence au sein du groupe social. A une certaine époque, la société des hominidés a dû être orientée vers la dominance (comme encore aujourd'hui bien souvent). Cependant, cette situation s'est sans doute modifiée à l'avènement d'une société efficace de chasseurs.

David Pilbeam suggère que le comportement agressif entre hominidés mâles a commencé à disparaître avec l'apparition du couple permanent entre mâle et femelle. Il croit également que les rudiments d'un langage, niveau supérieur de communication capable de transmettre davantage que des sensations, ont pu susciter une plus grande confiance, une meilleure compréhension et une coopération accrue entre les individus. « Le développement du langage, dit-il, a dû, pour la première fois chez les primates, faire naître, adopter par efficacité et renforcer des modes de comportement moins agressifs. La dominance cessa d'être un but en elle-même. »

Sur ce point, les opinions divergent. La théorie de Pilbeam implique l'hypothèse que le langage s'est développé très tôt, peut-être même à l'époque des Australopithécidés. D'autres experts contestent ce fait. Bien qu'ils admettent que le langage puisse contribuer à modérer

Suite du texte page 116

Le troupeau de zèbres s'enfuit, et la meute se rapproche alors de sa proie.

Cette chasse organisée prend fin, et les chiens se jettent sur leur victime.

Les chiens sauvages chassent en groupe les zèbres, essayant d'isoler un traînard.

Ils parviennent à séparer du troupeau un zèbre qui est plus faible que les autres.

Chassant en groupe, les hominidés acquéraient
une puissance bien supérieure à celle d'un
individu isolé. On pense qu'ils furent des
« voleurs » de carcasses chevronnés. En
hurlant et en brandissant des gourdins, ils
effrayaient les carnivores pour les obliger
à abandonner leur proie fraîche. On voit
ici un groupe de chasseurs en action en
face d'une lionne.

L'efficacité due au nombre apparaît très clairement sur ce document exceptionnel

une lionne qui vient de tuer une girafe est contrainte d'abandonner sa proie à ses adversaires, vaincue par la tactique collective d'un groupe de hyènes affamées.

Le partage de la nourriture constitue un autre élément d'adaptation dont firent preuve les hominidés habitant la savane (ci-dessus). On pense que cette habitude est commune aux carnivores sociaux, comme les lions et les chiens sauvages (ci-contre). Le fait de ramener une petite carcasse aux femelles et à leur progéniture, ou de les conduire vers une proie plus importante, comme dans le dessin ci-dessus, accroît sensiblement l'efficacité de la chasse ; ainsi toute la viande si laborieusement obtenue sera consommée et l'animal ressentira moins le besoin de conserver ses proies.

l'agressivité (vous invectivez quelqu'un au lieu de l'assommer directement d'un coup de bâton), ces spécialistes ne croient pas que le langage fut nécessaire pour déterminer un comportement non agressif. Celui-ci, disent-ils, s'est formé à la suite de l'apparition de la famille, du couple permanent, des longues relations de mère à enfant et du partage de la nourriture — tout cela s'est produit longtemps avant l'apparition du langage. En réalité, insistent-ils, les Australopithèques disposaient d'un trop faible cerveau pour avoir pu utiliser la parole. Ces savants professent que le langage articulé, c'est-à-dire tout ce qui dépasse un vocabulaire de sons élémentaires pouvant transmettre des sensations de danger, de colère, de douleur ou de plaisir, restait au-delà des capacités des hominidés jusqu'à l'apparition de *Homo erectus* (qui se place à environ un million d'années de nous).

De plus, les premiers hominidés n'éprouvaient peut-être pas le besoin de parler. La valeur réelle du langage — outre son rôle de stimulant dans le développement du cerveau — est de permettre la transmission de sentiments subtils que ne peuvent communiquer les grognements et les gestes. Ces deux modes d'expression sont d'ailleurs très élaborés et permettent un degré remarquable de communication, parmi les chimpanzés par exemple. Mais, bien que nous ne puissions présumer que l'Australopithèque fût supérieur au chimpanzé, et qu'il ressentît donc davantage le besoin de communiquer, nous ne pouvons dire dans quelle mesure existait ce besoin. Comme toutes les autres acquisitions, le développement du langage fut progressif et très lent et il nous serait impossible aujourd'hui de distinguer entre ce qui constituait une série de sons remarquablement éloquents et riches en information, et un véritable langage articulé. Nous ignorons à jamais où et quand le langage apparut.

Et étant sur ce sujet réduits aux hypothèses, écoutons

Les chiens sauvages partagent la nourriture avec les petits en la regurgitant.

Trois lionnes et un lion partagent une proie ramenée dans une vallée.

Le léopard solitaire garde son butin pour lui-même et le met à l'abri dans un arbre.

l'observation avisée de Schaller qui prétend que la parole est superflue pour la chasse. Les carnassiers pratiquent la chasse nocturne et usent de techniques de « traque » qui exigent le silence, et qui rendent difficiles les communications visuelles dans l'obscurité. Les chiens sauvages chassent de jour en silence, sauf aboiement occasionnel. Les autres signaux sont superflus, puisque la chasse se déroule à vue.

Parce que les anthropoïdes et les singes sont des animaux diurnes, Schaller, rejoignant l'avis général, présume que les premiers hominidés l'étaient également, et qu'ils chassaient et recherchaient les carcasses d'animaux durant la lumière du jour. Cela paraît absolument logique. D'une part, la nuit est dangereuse : un petit hominidé errant dans l'obscurité eût risqué de rencontrer brusquement des tigres à dents-de-sabre, des lions, des léopards ou des hyènes, qui sont tous des carnivores nocturnes. D'autre part, les pré-hominiens étaient doués d'une excellente vision diurne. Puisqu'ils étaient, pense-t-on, bipèdes, leur attitude dressée leur permettait de voir à des distances considérables tandis que leur mobilité était suffisante pour leur permettre de parcourir de grandes étendues. Cela suggère qu'ils devaient en permanence inspecter les alentours du regard et qu'une grande partie de leur activité était consacrée à la recherche de cadavres dans la brousse. Trop lents pour poursuivre les grands herbivores sauf les spécimens malades, les hominidés comptaient sans doute sur les hyènes et les chiens sauvages pour « tirer les marrons du feu »; ils accouraient alors en groupes à grand tapage et mettaient en fuite la horde prête au festin. Ils héritaient finalement de la proie abandonnée par les vaincus. Sans doute les pré-hominiens savaient-ils capturer eux-mêmes les grands animaux blessés ou âgés.

Après cet exposé sur les carnivores sociaux, Schaller fait prudemment remarquer que ceux-ci pratiquent un grand nombre de styles de chasse et que, jusqu'à présent, nous ne savons rien des autres techniques qu'auraient pratiquées les hominidés, ni des diverses chasses utilisées à différentes époques par les différentes espèces de pré-hominiens. Cependant, il existe encore des analogies d'environnement, si bien que Schaller décida de se comporter lui-même comme un Australopithèque, pendant quelques jours, afin d'estimer le rendement possible des chasses ancestrales.

Schaller et son collègue Gordon Lowther choisirent comme terrain d'expérience la plaine du Serengeti, immense réserve de Tanzanie (où se trouve d'ailleurs Olduvai) et dans laquelle les conditions climatiques et la densité de fauves se rapprochent de celles que durent connaître les hominidés voici deux millions d'années.

Première expérience : les deux hommes marchèrent dans la savane à 100 mètres l'un de l'autre et parcoururent ainsi en plusieurs jours 150 km au total. Ils découvrirent au bout de quelques jours huit jeunes gazelles venant de naître et incapables de courir. Mais la découverte de cinq d'entre elles survint en l'espace de quelques minutes visiblement dans un lieu choisi collectivement par les gazelles pour la mise à bas. Schaller en conclut qu'à certaines périodes les prédateurs trouvaient plus de gazelles qu'ils n'en pouvaient consommer, tandis que hors des périodes de naissance, cette chasse restait aléatoire.

Puis les deux chercheurs découvrirent un lièvre qu'ils auraient pu attraper, deux carcasses de gazelles à demi consommées, un guépard dévorant sa proie et qu'ils auraient pu chasser loin de celle-ci. Au total, ils estimèrent leurs prises possibles à 75 livres de viande, y compris les lambeaux de chair récupérables sur le cadavre grâce à des grattoirs de silex.

Deuxième expérience : elle eut lieu dans la forêt, toujours au Serengeti, sur les berges de la rivière Mbalageti, où les troupeaux venaient s'abreuver et dans une région qui était hantée par 60 à 70 lions. Ils trouvèrent d'abord quatre carcasses, reliefs des repas de ce fauve, mais si proprement nettoyées qu'il ne restait plus que la moelle des os qu'ils récupérèrent en cassant ceux-ci à l'aide de cailloux.

Voici quelles furent les prises suivantes de nos deux chasseurs : d'abord un buffle, mort de maladie et partiellement dévoré dont ils auraient pu obtenir 250 kg de viande; un jeune zèbre malade (40 kg); une girafe aveugle qu'ils attrapèrent par la queue (150 kg). Mais, en moyenne, les résultats restaient hasardeux et dépendaient d'abord de la sécheresse, des maladies animales ou des migrations de troupeaux sauvages. Pour survivre dans un tel milieu, les premiers hominidés se virent contraints de devenir d'excellents chasseurs et d'apprendre à traquer, à guetter et à découvrir tous les animaux très jeunes, très âgés ou malades. Ils durent compléter leur alimentation par la recherche de racines, fruits, graines et baies diverses, comme le font aujourd'hui des peuples primitifs vivant de cueillette. Mais Schaller fait remarquer qu'il serait erroné de comparer directement la vie des Australopithèques consacrée à la chasse et à la cueillette à certains primitifs modernes menant la même existence tels que les Bochimans du Kalahari. Ces hommes ont été refoulés dans une zone semi-désertique où le gibier est presque inexistant, et l'essentiel de leur nourriture reste d'origine végétale.

Bien que moins intelligents et de plus petite taille, les hominidés primitifs rapportaient sans doute de leurs expéditions plus de viande que les modernes Bochimans. Toutefois, ce ne sont pas les résultats qui nous intéressent ici, mais plutôt la preuve d'une activité prolongée dans un même but. Les objectifs de chasse sont en eux-mêmes des stimulants pour le cerveau. Ces activités de chasseur constituent dans l'évolution intellectuelle de l'homme l'un des facteurs les plus déterminants, souligne Sherwood Washburn, bien que ce savant considère comme une erreur de chercher les analogies parmi les carnivores sociaux. Il maintient qu'il suffit d'étudier le chimpanzé, dont les penchants pour la chasse expliquent suffisamment les traditions cynégétiques qui se retrouvent dans le comportement des premiers hominidés. Le germe était là, dit Washburn. Cette tendance conditionne notre ancêtre en élargissant ses horizons et en développant sa capacité mentale. Il apprit peu à peu à mieux chasser, à mieux penser, à mieux planifier et à fabriquer et à utiliser de meilleurs outils.

Pour les hominidés, êtres relativement lents à la course, et à qui manquaient la puissance physique et les fortes canines des singes, ce furent les outils qui permirent la chasse. L'origine des outils au cours de l'évolution humaine est à jamais enfouie dans les méthodes imprécises de tâtonnements. Souvenons-nous seulement qu'il fut un temps où nos ancêtres étaient encore moins habiles dans l'usage des outils que les chimpanzés actuels, et qu'ils ont dû développer lentement leurs capacités (par des processus similaires mais non nécessairement identiques) en partant d'aptitudes limitées à façonner quelque chose dans un but précis : enfoncer une brindille dans un orifice de termitière, utiliser une poignée de feuilles mâchées comme éponge, brandir un bâton ou une branche pour intimider l'adversaire, ou encore utiliser des cailloux comme projectiles.

Un certain nombre d'anthropoïdes de taille moyenne deviennent plus impressionnants en se redressant, cela grandit leur silhouette. En brandissant une branche ou un bâton, on renforce cet effet, ce qui a pu à l'occasion permettre la victoire de l'hominidé dans une rencontre avec des hyènes à qui il disputait une proie. L'usage précoce d'outil ou d'arme par l'ancêtre de l'homme, devenu un chasseur et un chercheur de carcasses adapté à la vie au sol, a pu se trouver considérablement renforcé par la valeur d'intimidation que ces accessoires exerçaient sur les espèces animales concurrentes.

L'outillage découvert, qu'il s'agisse de bois ou de pierre, fut évidemment le seul à être utilisé durant un immense espace de temps; ces ustensiles étaient ramassés puis jetés après usage. Mais vint sans doute une époque où les Australopithécidés (ou leurs ancêtres) commencèrent à comprendre de plus en plus clairement l'utilité de certains objets : il les conservaient plus longtemps, puis les transportaient avec eux. Comme le suggère Washburn, cette pratique a pu fortement développer la bipédie. Plus vous voulez ou devez transporter d'objets, plus vous marcherez sur vos deux jambes. En conséquence, plus vous marcherez de cette façon, plus vous libérerez vos mains pour porter des objets.

Les pierres se trouvent aisément et se jettent aussi facilement. Non pas seulement pour intimider l'adversaire au début, mais finalement parce que l'hominidé comprend de mieux en mieux que ces projectiles peuvent en fait blesser et même tuer s'ils sont lancés violemment et avec précision. Frapper avec un gourdin est sans doute encore plus facile. La grande abondance de bois et le fait que celui-ci est plus mou et plus facile à travailler que la pierre (au moins jusqu'à ce que l'art de tailler la pierre fut compris et maîtrisé) suggèrent que les préhominiens utilisèrent en quantité ce matériau, concurremment avec les os longs de certains animaux de grande taille. Mais le grand triomphe de notre ancêtre en tant que premier créateur de culture tient dans le legs qu'il nous

a laissé : l'industrie de la pierre taillée. La plupart de ces pierres qui nous sont parvenues sont, il faut le souligner, des outils et non des armes.

Ce qui attira Louis et Mary Leakey chaque année dans la gorge d'Olduvai fut la présence sur place de très grandes quantités d'outils de pierre extrêmement primitifs. Mary Leakey a effectué l'étude de ces objets : elle s'est spécialisée dans ce travail et elle a publié une splendide monographie de l'industrie lithique à Olduvai. Cette étude concerne le matériel découvert dans les plus anciens niveaux (c'est-à-dire les Couches I et II) datés entre environ 2 millions et 1 million d'années.

Mary Leakey est ainsi parvenue à reconstituer l'existence des êtres qui vécurent là à une époque aussi reculée. Son travail est stupéfiant. Mais Mrs Leakey a su faire parler cette masse de pierres muettes. Elle a découvert exactement l'endroit où vivaient ces préhominiens. Elle a accumulé une masse de renseignements les concernant, allant même jusqu'à déceler ce qui semble avoir été un abri qu'ils ont dû construire. Mary Leakey sait ce qu'ils mangeaient et où ils prenaient leurs repas. Ces découvertes représentent plus de quarante ans de travail ininterrompu : la récolte, le classement, l'identification, l'enregistrement exact de leur position, leur description et leur interprétation s'appliquaient à des centaines de milliers de fragments de matériel en pierre ou en os; certains de ceux-ci étaient grands, d'autres minuscules, et aucun d'eux pris isolément n'avait de sens. Mais, lorsqu'ils furent analysés, classés et assemblés comme dans un gigantesque puzzle à trois dimensions, le schéma global commença à apparaître, dégageant de l'obscurité des temps la vie qui avait été celle d'authentiques êtres vivants.

Le premier soin de Mary Leakey fut de classer l'industrie de la pierre elle-même. En général, elle classe en deux traditions le travail de la pierre à Olduvai. L'une, l'Oldowayen, la plus ancienne et la plus primitive des deux a produit principalement ce que l'on appela longtemps la culture « pebble »; mais Mrs Leakey préfère appeler ces outils *choppers,* ou « taillants ». Le mot *pebble* évoque des cailloux très petits, tandis que le terme *chopper* peut s'appliquer à des pierres de la grosseur d'un œuf de poule ou même atteignant 10 cm de large.

Un *chopper* de l'industrie oldowayenne est l'outil le plus simple que l'on puisse imaginer. Typiquement, c'est un galet, c'est-à-dire une pierre qui a été roulée et polie par l'action de l'eau, comme on en trouve tant dans les lits des cours d'eau ou sur les rivages marins rocheux. Il s'agit de pierres dures à grain très serré et à texture polie, comme le quartz et les différentes sortes de silex. A Olduvai, on trouve un grand nombre de pierres taillées qui proviennent de la lave durcie de cette région volcanique.

Un galet arrondi, qu'il soit ovoïde ou en forme de poire, et assez petit pour tenir fermement dans la main constitue la matière première du *chopper* oldowayen. Pour en faire un outil, l'artisan primitif se contentait d'en frapper violemment une extrémité sur un rocher voisin ou, encore, en le posant en équilibre sur un roc, de lui donner un coup vigoureux à l'aide d'une autre pierre. Il s'en détache alors un large éclat. Un second coup détache un autre éclat à côté du premier, fournissant un tranchant aigu à une extrémité de l'outil. Avec un peu de chance, ce tranchant sera assez effilé pour découper la viande, pour sectionner ligaments et tendons, pour gratter les peaux de bêtes ou pour aiguiser l'extrémité d'un bâton. Il existait de grands *choppers* et d'autres de plus petite dimension. On trouve également des éclats qui sont le résidu de la fabrication des *choppers*. Étant également à bords vifs, ils furent utilisés pour couper et gratter.

L'industrie de l'Oldowayen se trouve dans la Couche I. Elle se prolonge dans la Couche II, mais sa facture se perfectionne avec le temps. De plus, la Couche II contient des vestiges d'une industrie lithique plus évoluée, l'Acheuléen (ainsi nommée parce que les premiers outils de ce type ont été découverts à Saint-Acheul dans la Somme). L'outil le plus caractéristique est le biface, c'est-à-dire un galet ou une pierre dont on a enlevé des éclats sur les deux faces pour obtenir un tranchant plus droit et plus aigu que sur le *chopper* primitif de l'Oldowayen. Le biface acheuléen est aussi souvent travaillé et taillé sur tout le pourtour pour lui donner la dimension, la forme et le poids désirés. On obtient ainsi le coup-de-poing (limande acheuléenne) qui est l'outil de base du Paléolithique inférieur.

Ce qui frappe le plus dans l'industrie oldowayenne est non pas le fait attendu qu'elle évolue, mais qu'elle ait été si élaborée. Mary Leakey a identifié dans les Couches I et II 18 instruments différents. Parmi ceux-ci, outre les bifaces et les *choppers,* on trouve des galets sphéroïdes retouchés, des grattoirs, des burins, des poinçons, des enclumes et des percuteurs. On a recensé, en outre, une quantité considérable de déchets provenant du débitage : ce sont les petits éclats et débris qui s'accumulent naturellement dans l'endroit où ces outils ont été fabriqués au cours d'une longue période de temps. Enfin, il y a les manuports : ce sont des pierres qui ne portent aucune trace de travail mais qui ont été transportées à la main dans un endroit et dont on sait qu'elles appartiennent à un type de roche qui n'existe pas naturellement dans cette région. C'est ainsi qu'un beau galet blanc que vous ramassez sur la plage pour l'emporter dans votre appartement de la ville où il servira de presse-papiers est un manuport.

Choppers, pics, hachereaux, poinçons, enclumes, sphé-

CHOPPER, OU « TAILLANT »,
OUTIL TRANCHANT
AIGUISÉ SUR UNE FACE
PAR ENLÈVEMENT D'ÉCLATS

Sur cette page et les suivantes, sont présentées huit différentes sortes d'outils de pierre provenant d'Olduvai. Ils sont photographiés en dimension réelle. Le but de ces outils n'est pas entièrement défini, mais nous indiquons ici quelques usages probables.

thécidés. Elle pense au contraire qu'*habilis* constitue un rameau séparé et que les types « graciles » sont des cousins et non des ancêtres. Cette divergence est difficile et subtile. La question se réglera sans doute avec le temps, non pas tant en bouleversant les rapports définis entre les divers fossiles qu'en établissant un accord de nomenclature qui satisfasse tout le monde.

Peut-être l'élément le plus déroutant de toutes les découvertes que Mary Leakey a effectuées à Olduvai est-il le « site (ou l'aire) d'occupation ». Il s'agit d'endroits précis où les pré-hominiens ont séjourné pendant un long espace de temps, selon la richesse de la végétation locale et les ressources en gibier. Ce sont, en effet, des foyers domestiques vieux de 2 millions d'années et qui restent identifiables par la forte concentration de matériaux fossiles : outils de pierre et restes de débitage que l'on découvre sur une faible surface et sur une épaisseur qui ne dépasse pas parfois la dizaine de centimètres. Le sol sur lequel ont vécu ces pré-hominiens est là intact, conservant les restes de ce qu'ils ont fait et les reliefs de repas éparpillés exactement en place.

Progressivement, les poussières se déposant, la végétation se développant et le niveau des eaux et des boues s'élevant, chacune de ces aires d'occupation fut recouverte, mais avec une extrême lenteur et sans que ces objets ne fussent dérangés. Ainsi, les vestiges que les Leakey ont si minutieusement exhumés et catalogués ont été trouvés exactement là où leurs auteurs les avaient laissés. Partout ailleurs à Olduvai les outils et les ossements sont disséminés dans diverses couches de sable et d'argile dont l'épaisseur peut atteindre plusieurs mètres. Dans de tels amoncellements, il est clair que l'action de la rivière a tout déplacé, bouleversant les couches originales, et que la position des fossiles ou

roïdes ? Que signifient tous ces termes ? S'agit-il réellement des restes d'une industrie laissée par des pré-hominiens et vieux de 2 millions d'années, ces mêmes pré-hominiens auxquels la plupart des anthropologistes attribuent un cerveau rudimentaire, insuffisant même pour parler ?

Il ressort des travaux de Mary Leakey qu'il s'agit d'eux en effet. De même que la complexité d'une société de chimpanzés ou de babouins eût paru, voici trente ans seulement, invraisemblable, la culture des pré-hominiens bipèdes nous étonne de plus en plus. Si les Leakey concluent que l'être auteur de cet outillage évolué était un homme et devait donc être appelé *Homo habilis,* c'est en raison de leur industrie élaborée mise au jour par Mary Leakey et non de la taille du cerveau des fabricants. Elle ne se soucie pas de connaître la dimension du cerveau de ce pré-hominien, mais d'abord de comprendre ce qu'il a pu faire avec ce cerveau ; s'il savait fabriquer des outils, et non pas seulement les utiliser, s'il savait leur donner un profil régulier, alors il s'agissait d'un homme.

Disons en passant que Mary Leakey ne partage pas les vues de nombreux anthropologistes qui considèrent *Homo habilis* comme un descendant des Australopi-

PROTO-BIFACE, OUTIL
DE TRANCHAGE TAILLÉ
SUR LES DEUX FACES

des outils l'une par rapport à l'autre ne signifie plus grand-chose. Mais lorsqu'il se trouve sur une aire d'occupation où une seule couche s'est progressivement déposée, le fouilleur a l'impression d'entrer dans une cave et de découvrir des « vieilleries », comme si ces objets avaient été abandonnés là pour apprendre aux générations futures la vie que menaient leurs propriétaires.

Voyons ce qu'*Homo habilis* nous a laissé dans sa propre cave. D'abord, on y rencontre une quantité de têtes de poissons et d'os de crocodiles ainsi que des racines fossilisées de plants de papyrus ; cela nous révèle que dans

PIC POUR PERCER
ET CREUSER

ENCLUME UTILISÉE
COMME SUPPORT POUR
TAILLER LES AUTRES OUTILS

*GALET SPHÉRIQUE
SERVANT DE PERCUTEUR*

*PERCUTEUR UTILISÉ
POUR TAILLER
D'AUTRES OUTILS*

un cas au moins *habilis* a vécu en bordure de l'eau d'où il tirait quelque nourriture. D'autres aires ont fourni des os de flamants, ce qui indique la proximité d'un lac, peu profond et légèrement alcalin. Aujourd'hui encore, ces conditions se retrouvent dans de nombreux lacs de l'Est Africain puisqu'elles sont nécessaires pour produire les minuscules créatures aquatiques dont se nourrissent les nombreux flamants qui fréquentent ces nappes d'eau.

Dix aires d'occupation ont été identifiées comme telles à Olduvai, parmi 70 emplacements qui contiennent des fossiles et des outils, disséminés sur 20 km le long de la gorge. Le sol d'une de ces aires montre des débris d'industrie disposés d'une manière très particulière. On constate une forte concentration d'éclats et de débris provenant de la taille des outils, mélangés avec un grand nombre de petits fragments d'os d'animaux broyés, et tout cela est délimité dans un rectangle d'environ 5 m de large et 10 m de long. Autour de ce rectangle s'étend une bande de 1 m environ de large où l'on ne trouve pratiquement rien; le sol y est à peu près nu. Mais, à l'extérieur de cet anneau, le matériel redevient relativement abondant. Que signifie cette curieuse disposition?

L'explication la plus évidente est que la partie centrale à forte densité de débris était une aire d'occupation, que celle-ci était entourée d'une haie épineuse protectrice et

BIFACE, SERVANT A CREUSER, A FENDRE OU A COUPER

que les pré-hominiens qui vivaient là en toute sécurité derrière cet abri, fabriquaient leurs outils et prenaient leurs repas à cet endroit; tout ce qu'ils ne laissaient pas tomber à leurs pieds sur le sol, ils le lançaient par-dessus la haie.

Dans une autre aire d'occupation, on a découvert une formation grossièrement circulaire de pierres, sur un diamètre de 4 m environ. Cette disposition revêt une importance extraordinaire. Non seulement on ne trouve que très peu d'autres pierres sur le sol occupé, mais ces cailloux sont dispersés au hasard. Au contraire, l'enceinte circulaire forme une concentration dense de plusieurs centaines de cailloux soigneusement disposés en anneaux par quelqu'un, ce quelqu'un ayant pris également la peine de faire des piles de rocs plus hauts à intervalles d'un mètre environ sur cette circonférence.

Il est extraordinaire que la forme de cette structure nous soit parvenue après 2 millions d'années ou presque. Cela évoque un abri, du genre de ceux que fabriquent aujourd'hui les tribus Okombambi dans le Sud-Ouest africain. Ces derniers édifient également des cercles de pierres, avec des piliers plus hauts à intervalles pour soutenir des poteaux ou des branches, sur lesquels ils étendent des peaux ou des feuillages pour se protéger du vent.

Bien qu'on trouve à l'intérieur du cercle de pierres d'Olduvai le débitage habituel d'outillage, ce qui indique qu'une certaine activité se déroulait à cet endroit, on possède des preuves qu'une plus large gamme de ces activités s'effectuait à l'extérieur. Cela s'explique. Les dimensions intérieures de cette ellipse grossière sont d'environ 2,50 m sur 4, ce qui eût été une surface plutôt faible si un grand nombre d'individus avaient dû y vivre. En outre, ce groupe comprenait d'excellents chasseurs ou « voleurs » de carcasses d'animaux. L'es-

COUPERET-GRATTOIR POUR LE DÉPOUILLAGE DES PEAUX DE BÊTES

pace entourant le cercle à l'extérieur contient les restes fossiles de girafes, d'hippopotames, de nombreuses antilopes et de dents de *Deinotherium,* éléphant éteint. Ces gens mangeaient donc de gros animaux et il leur était sans doute plus facile de prendre leurs repas à l'extérieur que dans les limites étroites de l'abri.

La chronique d'Olduvai ne nous apprend pas si ces individus ont eux-mêmes tué ces grands animaux, s'ils les ont chassés dans les marais et les ont achevés, s'ils ont apporté là la viande de carcasses découvertes en brousse, ou s'ils ont ravi ces proies à d'autres carnivores. Mais il est évident que les pré-hominiens lorsqu'ils purent s'emparer de carcasses de très grands animaux, les découpèrent pour en consommer la chair.

On trouve à Olduvai deux sites qui semblent avoir été des « emplacements de boucheries ». L'un contient le squelette d'un éléphant et l'autre celui de *Deinotherium.* Puisque ces animaux pesaient plusieurs tonnes, il était absolument impossible de les transporter; la seule solution probable consistait à s'installer près du cadavre, à découper celui-ci et à en manger la viande jusqu'au dernier morceau. D'après les indices recueillis sur ces aires de découpage, c'est exactement ce qui s'est produit. A chacun de ces emplacements, se trouve le squelette presque complet d'un énorme animal dont les os sont dispersés comme s'ils avaient été découpés ou démantibulés. Parmi les ossements, on retrouve les *choppers* laissés sur place et tous les autres outils de pierre qui avaient servi à l'opération.

Les hominidés d'Olduvai possédaient des goûts alimentaires très éclectiques. Certains sites sont riches en os d'antilopes, dont parfois le crâne a été fracturé et ouvert à l'endroit précis où l'os est le moins épais. D'autres emplacements livrent en quantité des écailles de grosses tortues. L'un d'eux regorge de coquilles d'escargots. Un autre encore nous a donné une tête de girafe, mais aucun des autres os de cet animal, qui manifestement a été découpé et transporté par morceaux au campement. Une aire localisée dans un niveau supérieur, Couche II, indique une plus forte proportion d'os de chevaux et de zèbres : on peut alors en déduire que le climat était devenu nettement plus sec à cette époque et que la savane se développait. Dans cette même Couche II, on a également noté une nette augmentation du nombre des grattoirs, ce qui nous suggère l'ébauche d'un travail des peaux et du cuir.

Les indices sont nombreux et passionnants. Que signifie par exemple ces concentrations éparses de petits os dont la plupart sont broyés? Pourquoi un pré-hominien aurait-il collectionné de petits tas de débris osseux de souris, d'écureuils, de petits oiseaux et de lézards, et les aurait-il soigneusement disposés en piles? Mary Leakey a conclu que ces étranges petits tas étaient sans doute des « coprolithes », ou excréments fossilisés, laissés par les hominidés. Cela signifie que nos ancêtres mangeaient ces petits animaux, chair et os compris, un peu à la manière dont nous dégustons les sardines. Les os étaient d'abord broyés en minuscules fragments par les mâchoires du mangeur, passaient ensuite dans les intestins sans être digérés et étaient enfin déposés à l'endroit même où on les a trouvés.

Le docteur Leakey apporte un soin extraordinaire à ces détails précis. Sur un site, elle a collecté plus de 14 000 fragments osseux, si petits que le poids de l'ensemble ne dépasse pas 7 kg. Elle s'est consacrée également aux mesures et à la classification des outils. Mary Leakey peut dire exactement quelle est la répartition de 14 sortes d'outils différents sur n'importe lequel des principaux sites où elle a travaillé. Son étude révèle que le *chopper* est de loin l'outil le plus employé au niveau des Couches I à Olduvai. Mais, lorsqu'on accède à la Couche II, les galets sphéroïdes deviennent plus nombreux. Quel a pu être l'usage de ces boules de pierres ? Elles sont trop soigneusement fabriquées, et représentent un travail trop long pour qu'on puisse imaginer qu'elles n'ont constitué que de « simples projectiles perdus ».

Mary Leakey pense que ce sont des *bolas,* une sorte d'arme assez efficace employée dans les pampas sud-américaines. Le *bola* consiste en deux ou plusieurs pierres arrondies fixées à l'extrémité d'une corde ou d'une lanière; on le lance comme un lasso en faisant tourbillonner les boules au-dessus de la tête, puis en le projetant sur un animal à la course ou un grand oiseau. Le chasseur atteindra mieux son but avec un *bola* tourbillonnant dans un diamètre d'un mètre environ qu'avec le jet d'une seule pierre, et la lanière s'enroule très efficacement autour des pattes de l'animal. Enfin, si le coup est manqué, l'arme n'est pas perdue.

Depuis les informations fournies par Olduvai, on ne peut nier que, voici 2 millions d'années, les hominidés avaient atteint un niveau de culture remarquablement avancé, hypothèse qui eût été impensable avant 1960. Puisque les progrès accomplis pendant le paléolithique inférieur furent extrêmement lents, il faut en déduire que l'origine de l'industrie lithique oldawayenne elle-même est beaucoup plus ancienne que les découvertes faites à Olduvai, mais nous ignorons la date de ses débuts. Cependant, en 1969, la nouvelle filtra de la région est du lac Turkana et d'Omo en Éthiopie que des outils existaient là

aussi. C'est en 1970 que Mary Leakey publia un article décrivant les outils que son fils Richard avait découverts au cours des fouilles de Koobi Fora.

L'année suivante, deux experts se rendirent à Koobi Fora pour assister Richard Leakey dans l'analyse du site. Il s'agissait de Glynn Isaac, préhistorien de l'université de Californie, à Berkeley, et Kay Behrensmeyer, étudiant en géologie à Harvard. Leur analyse confirma alors une chose absolument stupéfiante : une des aires d'occupation contenait des ossements d'animaux ainsi que des *choppers* et des éclats du type oldowayen, mais qui sont sans doute aussi anciens que ceux d'Olduvai.

Le site de Koobi Fora s'annonçait particulièrement prometteur ainsi que les sites voisins, parce que la géologie et la datation d'ensemble de la région sont identifiables. Chaque élément, chaque site s'inscrit dans une séquence chronologique; on peut ainsi espérer relier ultérieurement des vestiges exceptionnellement riches en fossiles pré-hominiens découverts dans la région avec son industrie lithique, et en apprendre davantage sur les capacités des premiers hominidés, fabricants et utilisateurs d'outils il y a près de 2 millions d'années.

Nous savons que, logiquement, la fabrication des outils et l'évolution des hominidés vont de pair. Mais les premières étapes restent encore totalement inconnues. Elles remontent aux débuts encore obscurs de l'histoire des pré-hominiens, à une époque où il pourrait être virtuellement impossible de faire la distinction entre un outil travaillé et un outil ramassé, à une époque où des êtres aussi primitifs que *Ramapithecus* ont peut-être expérimenté les outils de pierre.

Chapitre sept :
Les dernières théories sur la généalogie de l'homme

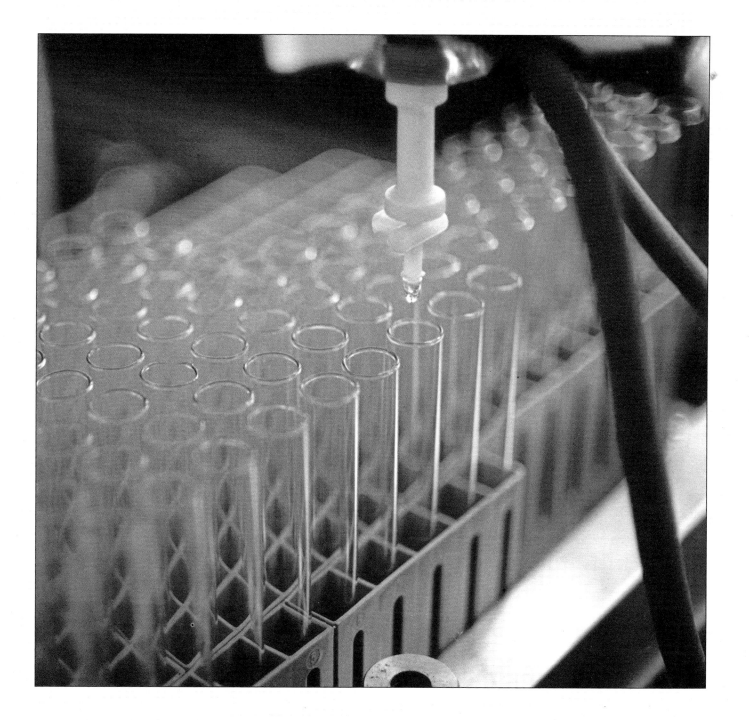

Les plus profondes vérités du Moyen âge sont maintenant l'objet des moqueries des écoliers. D'ici à quelques siècles, les plus profondes vérités de notre démocratie seront l'objet des moqueries de la part des professeurs eux-mêmes.
— H. L. Mencken

Lorsqu'il traite de l'évolution de l'homme, Sherwood Washburn déclare souvent : « Mon opinion est que... » — ce qui signifie que la question peut être discutée et que le lecteur reste libre de se forger une théorie différente. Personnellement, n'ayant pas d'opinion technique préconçue, sinon celle que l'homme est apparu sur la Terre par les effets de la sélection naturelle et sexuelle des espèces, je tenterai une synthèse d'après les divers éléments que j'ai glanés. Je précise donc que les chapitres précédents reflètent « mon opinion ». Ce qui revient à dire que d'autres théories existent ou peuvent être formulées, qui différeront sensiblement des conclusions auxquelles je suis parvenu ou des hypothèses que j'avance.

Ainsi, j'ai tenté de tenir compte équitablement des preuves fossiles et du comportement observé chez les primates. Mais le spécialiste en fossiles qui étudie les pierres, les os et les outils attribués aux premiers hommes me rétorquera que ce sont là les seuls témoignages tangibles, mesurables, comparables et datables que fournisse l'évolution. Avec un tel professionnel, il semble vain de spéculer sur le comportement des primates actuels ou celui d'autres animaux. A l'opposé, le sociologue qui s'intéresse au comportement répondra que l'homme est le plus proche parent de certains animaux et qu'on ne peut donc négliger d'observer les mœurs de ceux-ci.

La recherche des origines de l'homme ne se limite pas à des fouilles sur le terrain. On voit ici des tubes à essai au laboratoire de microbiologie de l'institution Carnegie à Washington D.C. Ils contiennent des brins de matériel génétique provenant d'un homme et d'un chimpanzé; l'analyse révèle les similitudes existant entre eux — et le degré de parenté unissant leurs ancêtres préhistoriques.

D'ailleurs, que nous apportent des ossements « statiques » ? Il dira que les paléontologistes ne cessent de faire de subtiles déductions sur des détails dentaires, lesquelles sont aussitôt contredites par leurs collègues.

Pour voir jusqu'où peut nous conduire une théorie fondée sur une seule discipline, considérons l'arbre généalogique des primates et l'époque où il se détache, et la séquence des formes vivantes qui dérivent les unes des autres.

Récemment, le paléontologiste finnois Bjorn Kurten, examinant uniquement les preuves fossiles, parvint à la conclusion que les hommes ne descendent pas des anthropoïdes. Il se fonde sur l'examen de certains fossiles de primates à faible mâchoire qui datent de 30 millions d'années. En particulier, l'un d'eux, *Propliopithecus*, est périodiquement cité par ce savant comme un ancêtre possible de l'homme. Examinant sa mâchoire et ses dents, Kurten jugea que nous pouvons dessiner une ligne descendante directe à partir de cet animal, en passant par *Ramapithecus*, puis par *Australopithecus*. Son argument est simple : ce sont les faibles mâchoires et les dents peu développées — et non les crocs puissants — qui constituent les conditions primitives. Or, l'homme ressemble davantage à ce modèle primitif généralisé et à faible mâchoire que les anthropoïdes ou les singes, lesquels ont acquis plus tard de fortes mâchoires spécialisées et des canines puissantes. Si l'on admet que *Propliopithecus* est l'ancêtre des pré-hominiens, dit Kurten, on ne saurait construire un arbre évolutif d'êtres chez lesquels ces canines deviendraient plus grandes (pour donner naissance aux anthropoïdes) puis réduiraient à nouveau de taille avant l'embranchement conduisant à l'homme. Il préfère supposer que la ligne ancestrale humaine fut toujours à faible mâchoire et il prétend que ce sont « les singes et les anthropoïdes qui descendent de l'homme » et non le contraire. La théorie de Kurten place la séparation entre les hominidés et les anthropoïdes à 30 ou 40 millions d'années de nous.

Cet argument ruinerait évidemment les théories développées plus haut, à savoir que la réduction de la mâchoire et le développement des molaires peuvent découler d'adaptations au milieu : vivre sur le sol, adopter un régime de graines petites et dures, chasser, partager le gibier, etc. Si l'on pense que l'explication la plus simple est généralement la meilleure, la théorie de Kurten serait donc supérieure à celle que nous développons ici.

Cependant, malgré sa logique apparente, l'idée de Kurten pour reconstituer l'arbre généalogique s'appuie sur des fossiles trop peu nombreux et en trop mauvais état pour que l'on en tire des conclusions probantes.

Il n'en demeure pas moins que, bien qu'en petit nombre et d'une interprétation difficile, ces fossiles existent, et chacun tente de les classer. Ainsi, d'autres spécialistes des os fixent la bifurcation entre hominidés et anthropoïdes à 30 millions, 20 millions ou 15 millions d'années. Il existe également des experts en étude du comportement qui parviennent à des résultats aussi divers mais pour d'autres raisons. Enfin, certains savants tiennent compte à la fois des os et du comportement, mais leurs conclusions ne concordent pas.

Puisqu'il est impossible de réaliser des mesures scientifiques précises des fossiles et du comportement qui varient d'un individu à l'autre, les discussions continueront : fossiles et facteurs de comportement sont finalement des étalons très souples et très dangereux. De nombreux savants souhaitent que l'on applique à l'étude et à la mesure précise des facteurs évolutifs un procédé rigide et sûr tel que la datation par radioactivité, ou une méthode qui mette en jeu de petites unités mesurables, comme la désintégration des atomes de potassium 40 dans les cendres volcaniques ; ces unités sont immuables — on les trouve dans toutes les choses vivantes — et elles peuvent être l'objet de comptages numériques absolus en laboratoire.

Or, il semble qu'un tel procédé existe qui nous permette de mesurer l'évolution. L'élément commun à tous les êtres vivants et existant sous forme d'unité mesurable, c'est le gène, substance mystérieuse contenue dans le noyau des cellules et qui règle le destin de celles-ci. Un œuf fécondé deviendra-t-il une abeille ou un buffle ? La question est inscrite dans les gènes de l'œuf qui déterminent également quelles sont les cellules de cet œuf qui, en se développant, deviendront le poil du buffle, ses pattes ou toute autre caractéristique de l'animal.

L'importance du rôle des gènes qui programment le développement de la cellule a été entrevue dès le début de ce siècle. Mais le mystère du processus resta entier jusqu'en 1953, date à laquelle deux futurs prix Nobel, James Watson et John Crick, étudièrent un acide nucléique contenu dans les cellules, l'acide désoxyribonucléique, en abrégé ADN. Ils parvinrent à établir la structure de l'ADN et démontrèrent que c'était celui-ci qui portait l'information contenue dans les gènes.

L'ADN agit à la manière d'une carte perforée qui donne des informations à l'ordinateur. L'avantage de la carte perforée est de pouvoir être introduite plusieurs fois dans différents ordinateurs et de fournir toujours les mêmes données, ainsi que de stocker une énorme quantité d'informations sur une même carte en utilisant les unités de stockage, c'est-à-dire les perforations. Ces trous apparaissent tous semblables, mais c'est leur emplacement sur la carte qui varie. Pour chaque perforation ou ensemble de perforations, l'ordinateur lira un message différent.

L'ADN agit à peu près selon le même principe ; il peut également stocker une quantité incroyable d'instructions en utilisant des unités simples. Au lieu d'une carte perforée, l'ADN consiste en deux longs brins composés de blocs de substances chimiques liés ensemble comme les anneaux d'une chaîne et enroulés en spirale. C'est la fameuse « double hélice » qui fut découverte par Watson et Crick. L'ADN est potentiellement variable à l'infini. Au lieu d'utiliser une seule sorte d'unité (comme une perforation de carte), il emploie quatre sortes de blocs chimiques différents. Les différentes instructions que donne l'ADN sont déterminées par la disposition de ces blocs, ou acides aminés, (comme celle des trous dans la carte perforée) sur les deux brins de l'hélice. La manière dont ces deux brins sont fermement maintenus dans cette double hélice par des associations chimiques intervient également.

Puisque l'ADN donne aux gènes des instructions et que les gènes conditionnent la croissance de l'abeille comme celle du bœuf, on conçoit que, si une évolution doit se produire, celle-ci commencera par des changements dans la disposition et les liaisons existant entre les blocs chimiques, le long de la double hélice.

De telles variations se produisent dans l'ADN. C'est ce qui forme les mutations et, pour plus de simplicité, nous pouvons appeler ces variations « unités » d'évolution. Au cours du temps, les changements se multiplieront dans l'ADN d'une espèce donnée. Finalement, ils deviendront assez nombreux et assez importants pour que leurs effets se répercutent sur l'espèce en question. C'est à ce point que nous dirons qu'un phénomène d'évolution s'est produit.

Plus le temps écoulé sera long et plus ces changements évolutifs seront nombreux. Il en résulte alors que si l'on apprenait à mesurer les différences existant dans l'ADN de deux animaux distincts, on pourrait mesurer leurs différences évolutives par comptage. Autrement dit, en comparant l'ADN de l'homme à celui du chimpanzé,

il devrait être possible de savoir exactement à quel point ils sont réellement parents. Cette théorie semble simple. Mais sa réalisation expérimentale au laboratoire est extrêmement complexe, car il a fallu fixer une méthode pour dissocier, examiner, analyser et réassocier des brins « infiniment petits » qui restent invisibles sous le microscope classique le plus puissant.

En dépit des difficultés, des biologistes moléculaires comme David Kohne, de l'université de Californie à San Diego, et B.H. Hoyer, de l'institution Carnegie, utilisant le fait que l'ADN se compose de deux brins, ont pu dissocier l'un des brins de l'ADN de l'homme et le comparer au brin homologue tiré de l'ADN du chimpanzé.

Voici les résultats obtenus au laboratoire : l'homme ne diffère du chimpanzé que de 2,5 % et du gorille de légèrement davantage, mais il diffère des autres singes de plus de 10 %. Comme dit Washburn : « A partir de l'ADN, vous pouvez construire un arbre généalogique précis sans même regarder les animaux intéressés. En fait, l'arbre des primates publié par Kohne en 1970 n'aurait surpris ni Darwin ni Huxley, si ceux-ci l'avaient connu en 1870. »

Dans ces conditions, direz-vous, pourquoi se donner tant de mal pour démontrer ce que la science sait déjà et qui est reconnu depuis un siècle ?

Parce que cela fournit une preuve nouvelle et inédite. A présent, les unités de mesure restent immuables. Quel que soit le lieu où l'expérience est réalisée, quel que soit le spécimen de chimpanzé comparé à n'importe quel homme, le résultat donnera une différence constante. Enfin, aujourd'hui, nous disposons d'un étalon de mesure standard pour apprécier la divergence évolutive. On élimine ainsi les erreurs dues aux différences de volume du cerveau ou de la forme d'une dent, qui varient toujours légèrement d'un individu à l'autre. Les tests de

L'étude des molécules permet de démêler l'écheveau de l'évolution

LA MÉTHODE DE L'ADN

ADN humain

ADN de gorille

Brins dissociés d'ADN humain

Brins dissociés d'ADN de gorille

ADN homme-gorille hybridés

LA MÉTHODE DES SÉQUENCES DE PROTÉINES

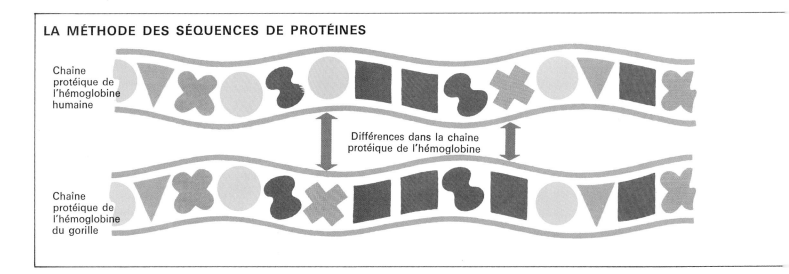

Chaîne protéique de l'hémoglobine humaine

Différences dans la chaîne protéique de l'hémoglobine

Chaîne protéique de l'hémoglobine du gorille

LA MÉTHODE IMMUNOLOGIQUE

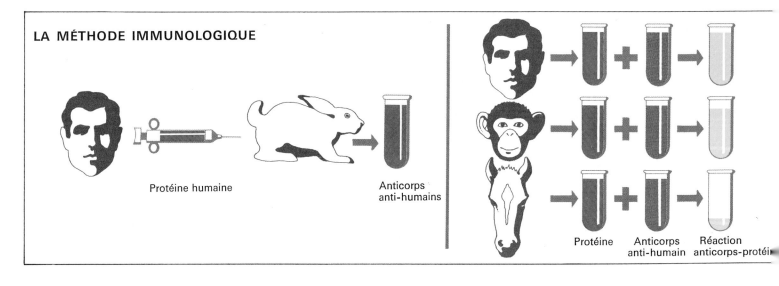

Protéine humaine

Anticorps anti-humains

Protéine

Anticorps anti-humain

Réaction anticorps-protéi▮

Afin de déterminer à quel point les différentes espèces sont apparentées, les savants ont élaboré trois techniques de base qui permettent de mesurer en laboratoire les différences qui distinguent l'ADN des molécules de protéine de chaque espèce. La méthode de l'ADN *(schéma de gauche)* utilise un matériel génétique, l'acide désoxyribonucléique, et bénéficie du fait que ses molécules se composent de deux brins formés d'éléments simples. Les brins sont enroulés l'un sur l'autre en double spirale, ou hélice, et sont maintenus en position par de fortes liaisons chimiques qui relient les brins.

Il est possible de rompre les liaisons, ou ponts, existant entre les brins — c'est-à-dire, en laboratoire, de dissocier la double hélice — en séparant l'un des brins de l'autre. Si on tente cette expérience avec l'ADN de l'homme et du gorille et qu'un brin extrait de chacun d'eux permette de les recombiner, toutes les liaisons chimiques entre les deux brins se reconstituent d'elles-mêmes, excepté aux points où ces liaisons sont chimiquement différentes (correspondant sur le schéma aux espaces en face des liaisons différentes). Dans la mesure où ces différences constituent des mutations (variations génétiques qui déclenchent la modification évolutive), on peut ainsi calculer à quel point ces deux espèces sont apparentées. Il suffit de compter le nombre de liaisons chimiques inconciliables. Ce sont ces différences qui font, d'une part, un homme et, de l'autre, un gorille.

La seconde méthode, qui permet de déterminer « l'écart » évolutif existant entre deux espèces données, consiste à comparer les molécules de protéines, comme celles contenues dans le sang. Toutes les molécules de protéines se composent des mêmes blocs chimiques d'assemblage — 20 acides aminés différents qui forment de longues chaînes, et qui sont reliés entre eux selon des séquences différentes. L'homme, la souris et le gorille sont formés des mêmes acides aminés; c'est la manière dont ces chaînes d'acides aminés sont ordonnées qui différencie chaque espèce.

Des techniques complexes de laboratoire permettent aujourd'hui d'examiner une molécule de protéine dans sa totalité, et de calculer pour celle-ci la séquence exacte des 20 acides aminés qui s'y retrouvent toujours dans des arrangements différents. Par exemple, l'hémoglobine, protéine des globules rouges du sang, se compose d'une chaîne de 287 unités d'acides aminés dont la combinaison a été calculée pour un certain nombre d'animaux. Plus ces séquences se ressemblent dans deux espèces, plus proche est leur parenté et, plus elles diffèrent, plus lointain est le rapport entre ces espèces.

Chez l'homme et le chimpanzé, la séquence d'acides aminés d'hémoglobine est identique. L'homme et le gorille sont de très proches parents; on trouve seulement 2 unités de différences dans leur hémoglobine. Par contre, le schéma de l'hémoglobine de l'homme et du cheval compte 43 unités de différence. Sur le schéma simplifié qui figure sur la page de gauche, on a seulement représenté 6 acides aminés distincts, au lieu des 20 qui composent en réalité la molécule de protéine. Des flèches indiquent l'emplacement des différences.

La méthode de la séquence des protéines, bien que précise, est extrêmement délicate parce que les protéines peuvent contenir des centaines de ces mêmes acides aminés rangés en ordres différents. La méthode immunologique élimine la difficulté de devoir identifier les acides aminés les uns à la suite des autres. Elle se fonde sur l'aptitude de l'animal à fabriquer dans son organisme des anticorps afin de repousser les éléments étrangers introduits dans sa circulation sanguine. Les anticorps qui provoquent des réactions en présence de protéines appartenant à une autre espèce provoqueront des réactions similaires en face de protéines provenant d'une espèce apparentée à la précédente, et des réactions quasi nulles dans le cas d'animaux de parenté plus éloignée.

Si du sérum-albumine (protéine présente dans le sang) est prélevé sur un homme puis injecté à un cobaye de laboratoire, cet animal fabriquera des anticorps pour lutter contre cet élément étranger. Le processus est illustré page 132 *(extrême gauche en bas, anticorps colorés en orange)*. Le sérum contenant des anticorps anti-humains peut maintenant servir à calculer les relations de parenté existant entre l'homme et les autres animaux. Combiné avec le sérum-albumine humain, ce sérum anti-humain *(rangée supérieure de tubes, page 132)* réagira violemment, puisqu'il aura été spécialement fabriqué par l'organisme du cobaye pour combattre le sérum-albumine de l'homme (réaction teintée en bleu dans le tube à essai).

Le sérum-albumine du chimpanzé n'étant que légèrement différent de celui de l'homme, il provoquera chez le cobaye une réaction presque aussi violente *(tube à essai presque entièrement bleu)*. Par contre, le sérum-albumine du cheval, animal génétiquement très éloigné de l'homme, ne provoquera qu'une réaction très faible sur le sérum anti-humain du cobaye.

	HOMME	GORILLE	GIBBON	SINGE
HOMME	—	71	14	32
GORILLE	71	—	14	32
GIBBON	14	14	—	32
SINGE	32	32	32	—

Ce tableau résume les unités de différence — mesurées par résistance aux agressions microbiennes — de sérum-albumine existant chez les primates. Plus le nombre est faible, plus la parenté évolutive est étroite. Les chiffres montrent ainsi que les anthropoïdes et les hommes sont plus étroitement apparentés les uns aux autres qu'ils ne le sont respectivement aux singes. En outre, dans la mesure où la différence gorille-gibbon (14) est identique à celle de l'homme-gibbon (14), l'homme et le gorille se sont donc éloignés de la voie évolutive du gibbon à peu près à la même époque.

comparaison d'ADN entre deux espèces donnent des résultats constants.

La biologie moléculaire, outre les tests ADN, sait reconstituer en laboratoire l'histoire évolutive des protéines du sang, en particulier de l'hémoglobine et du sérum-albumine, chez un grand nombre d'animaux. Deux chercheurs de l'université de Californie à Berkeley, Vincent Sarich et Allan Wilson, ont appliqué l'une de ces techniques — les réactions immunologiques — à la mesure des différences moléculaires apparaissant dans le sérum-albumine. Ici encore, les résultats sont probants comme on le voit sur le tableau ci-dessus (les chiffres représentent les unités de différences immunologiques mesurées d'après un étalon utilisé par Sarich et Wilson : le sérum-albumine de lapin sensibilisé).

Ce tableau nous livre des informations stupéfiantes. Non seulement il confirme que l'homme est très proche du gorille (7 unités de différence seulement), un peu moins proche du gibbon (14 unités de différence) et encore plus éloigné du singe (32 unités de différence), mais il démontre également que le singe est équidistant des trois autres espèces. Nous en déduisons que les singes se sont séparés de l'ancêtre commun à ces quatre espèces anthropoïdes à la même époque, et que, chez ces quatre primates, le taux d'évolution de sérum-albumine est resté remarquablement constant : ces quatre espèces ont donc évolué à une vitesse comparable.

Pour vérifier cette question d'importance primordiale de la vitesse d'évolution, Sarich et Wilson ont abandonné l'étude de l'arbre généalogique et ils ont entrepris de comparer les primates à des carnivores tels que des chiens, des chats et des lions. Entre les carnivores et l'homme, ils découvrirent 173 unités de différence du sérum-albumine; entre les carnivores et les chimpanzés, 173; les singes de l'Ancien Monde, 174; ceux du Nouveau Monde, 172. Le grand nombre de variations révèle une séparation beaucoup plus ancienne entre les primates et les carnivores que parmi les primates eux-mêmes. Ces chiffres qui sont étonnamment presque identiques prouvent à nouveau que ces animaux semblent avoir tous évolué au même rythme.

Il s'agit maintenant de calculer cette vitesse. Car, si nous savons mesurer l'*importance* des mutations successives constituant l'évolution et le *rythme* auquel elles ont lieu, nous sommes ramenés à un problème d'arithmétique élémentaire portant sur le temps, la vitesse et la distance. Lorsque nous connaissons deux variables, nous savons calculer la troisième. Aujourd'hui, nous pouvons mesurer avec précision les durées d'évolution et fixer le moment exact où des embranchements se sont produits dans un arbre généalogique.

Sarich et Wilson se sont efforcés de rassembler un grand nombre de preuves en biologie moléculaire. Par des recoupements rigoureux de ces matériaux, ils ont trouvé des vitesses d'évolution raisonnables, non seulement pour l'ADN, mais également pour de nombreuses protéines du sang. Ils ont alors fixé une date pour l'embranchement de l'arbre généalogique des primates (précisons que certains paléontologues sont d'accord, mais que beaucoup d'autres la contestent) : il y aurait 36 millions d'années que la séparation s'est effectuée entre les singes de l'Ancien Monde et ceux du Nouveau Monde. Disposant ainsi d'une première date absolue, les chercheurs ont défini, grâce à ces horloges moléculaires, la date des embranchements successifs : d'abord la séparation anthropoïdes-singes et, enfin, la séparation hominidés-chimpanzés.

Une tempête de protestations s'éleva dans le monde anthropologique lorsqu'on apprit que la date fournie par les mesures de Sarich-Wilson pour la séparation

La parenté des espèces : le témoignage des protéines

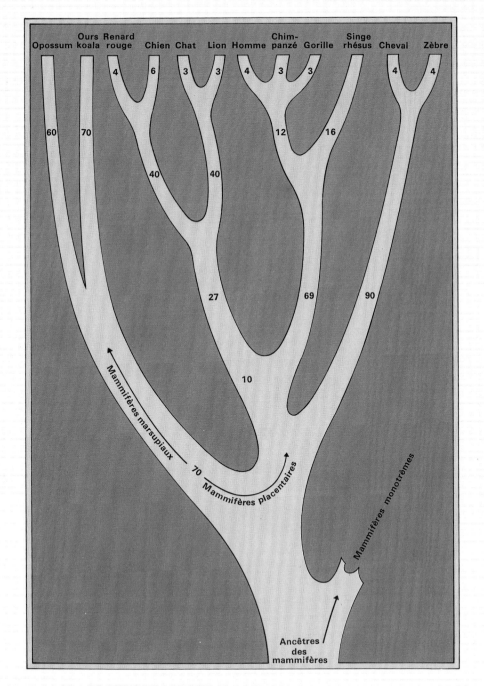

Les différences existant dans les protéines de deux espèces *(pages 132-133)* reflètent leur évolution depuis leur séparation à partir d'un tronc ancestral commun. L'analyse révèle qu'il existe 6 unités de différence entre le sérum-albumine de la protéine du chimpanzé et celui du gorille. Cette information indique l'emplacement du premier embranchement *(partie supérieure du schéma)* de cet arbre généalogique dressé par Vincent Sarich et Allan Wilson, biologiste moléculaire et anthropologue à Berkeley. L'homme accuse 7 unités de différence, tant vis-à-vis du chimpanzé que du gorille. Puisque ces derniers sont déjà crédités de 3 unités, il en reste 4 pour parvenir à l'homme et son embranchement peut être placé à peu près au même point sur l'arbre que l'embranchement chimpanzé-gorille.

Un singe rhésus accuse 31 unités de différence du sérum-albumine en moyenne par rapport aux trois autres espèces. Plus ce chiffre est élevé, plus le degré d'évolution qu'il représente est grand et l'embranchement ancien. C'est pourquoi l'embranchement où les singes ont divergé des anthropoïdes et des hommes doit être placé plus loin. Ici encore, les techniques de laboratoire montrent une évolution continuelle dans toutes les lignées : ainsi les 31 unités de différence doivent être divisées, 16 pour le singe, 15 ou 16 pour les autres. (Pour le chimpanzé, 3 + 12 = 15; pour l'homme, 4 + 12 = 16.)

Des embranchements identiques peuvent être tracés pour tous les autres animaux connus. Le cheval et le zèbre accusent entre eux 8 unités de différence. Mais chacune de ces espèces montre qu'il existe 190 différences par rapport au sérum-albumine du primate, ce qui indique une séparation plus ancienne (94 pour le cheval, 96 pour l'homme).

hominidés-chimpanzés était inférieure à 4 millions d'années. Les spécialistes en ostéologie fossile du monde entier protestèrent contre cette datation : « Que faites-vous des découvertes d'Omo, de Kanapoi et de Lothagam ? Nous possédons des fossiles d'hominidés provenant de ces sites, dont l'ancienneté atteint 3, 4 ou 5 millions d'années et qui ne sont plus des anthropoïdes. Nous ne pouvons ignorer complètement ces fossiles pour adhérer à votre théorie moléculaire, ni reconnaître des vitesses d'évolution constantes. Le point de départ que vous avez fixé dans le temps est faux. »

Le dilemme est très sérieux. Quelle est donc cette science dont les représentants prétendent que la séparation homme-anthropoïde a pris place à différentes époques depuis 50 millions d'années, alors que des spécialistes en sérologie fixent la date de cet embranchement à quatre millions d'années seulement ? Qui faut-il croire ?

Ni les uns ni les autres, affirme Sherwood Washburn qui, bien que très impressionné par le travail de Sarich et Wilson, ne néglige pas l'étude des fossiles. « Toutes les horloges moléculaires que les immunologistes ont utilisées, dit-il, contiennent un certain nombre de légères erreurs. Elles ne fonctionnent pas à la même vitesse et elles peuvent également avancer ou retarder. Elles n'ont pas encore été complètement vérifiées, mais leurs aiguilles pointent toutes dans la même direction générale et ce fait est pour le moins impressionnant. »

« Il faut, poursuit-il, réviser les données de Sarich et Wilson jusqu'à obtenir une date de départ dans le passé géologique et paléontologique qui reçoive l'agrément de toutes les parties. Alors, si on retranche ici, si on ajoute là, les horloges étant réglées, tous les éléments pourraient tomber en place. Si, par exemple, Sarich et Wilson avaient choisi la date de 50 millions d'années pour fixer la séparation entre singes du Nouveau Monde et singes de l'Ancien Monde, leur échelle de mesure donnerait pour la séparation homme-anthropoïde une date bien antérieure à 5 millions d'années. Si, comme le souhaitent certains savants, la séparation des singes était reculée, disons jusqu'à 75 millions d'années, alors l'embranchement homme-anthropoïde se situerait aux environs de 7 à 8 millions d'années, et ainsi de suite. »

Une séparation homme-anthropoïde estimée à 7, ou même mieux à 8 ou 9 millions d'années, éclaircirait déjà le problème des fossiles, mais elle ne le résoudrait pas. Comment définir la position de *Ramapithecus* ? On sait que cette créature, anthropoïde fort étrange, datait de 8 à 14 millions d'années et on l'a sérieusement considérée comme étant un précurseur de l'homme. Mais, avec le temps, cette question devrait être résolue. De nouvelles découvertes de fossiles pourraient plus tard confirmer ce que de nombreux savants pensent déjà : à savoir que *Ramapithecus* était une sorte de pré-Australopithécidé archaïque qui n'avait peut-être pas la station verticale, mais était en bonne voie d'y parvenir. Ou bien il se confirmera que *Ramapithecus* n'appartient pas à l'arbre généalogique humain. La première hypothèse s'opposera tant que *Ramapithecus* ne sera pas mieux connu. Naturellement, son crédit disparaîtra complètement le jour où un nouveau candidat mieux placé pour être l'ancêtre de l'homme sera découvert.

Mais, jusqu'à présent, aucun candidat n'est en vue. Continuons donc à considérer *Ramapithecus* comme notre ancêtre et à tracer notre lignée en le prenant comme base à l'aide des dernières hypothèses que nous suggèrent les trouvailles récentes faites à Hadar et Laetolil.

Récemment, Bernard Campbell a échafaudé la dernière reconstitution de l'arbre généalogique, et établi une nomenclature des pré-hominiens. Il a résolu deux problèmes que j'ai délibérément ignorés jusqu'ici : primo, les parentés éventuelles entre les quatre Australopithécidés *boisei, robustus, africanus* et *afarensis* et, secundo, le problème de *Homo habilis*.

Résumons-nous : les Australopithécidés ont été d'abord découverts en Afrique du Sud qui en a livré deux types, une espèce « gracile » et une espèce « robuste ». En remontant vers le nord, d'abord à Olduvai puis, plus tard, à Omo et au lac Turkana, on trouve également deux espèces : la plus petite ressemble un peu au plus petit type gracile *africanus* du sud et on les considère généralement aujourd'hui comme appartenant à la même lignée. Mais le grand type grossier découvert au nord est beaucoup plus robuste que son cousin le moins robuste d'Afrique du Sud, à ce point qu'on l'a baptisé d'un nom différent, *boisei,* afin de le distinguer de *robustus* d'Afrique du Sud.

Enfin *afarensis,* le plus petit, le plus ancien et le plus primitif, fut découvert en Éthiopie par Donald Johanson. La comparaison des quatre Australopithécidés — *afarensis, africanus, robustus* et *boisei* frappe surtout par la lourdeur grandissante des mâchoires et la grosseur croissante de leurs molaires au fur et à mesure de leur évolution. A cet égard, *afarensis* est beaucoup moins développé que *boisei* et *robustus. Africanus* occupe une place intermédiaire, tant du point de vue physique que chronologique — entre *afarensis,* très ancien et les types robustes, plus tardifs.

Ces observations expliquent l'arbre généalogique de la page 138 dressé par Campbell pour relier ces quatre espèces. Il suppose l'existence d'un *Ramapithecus* ancestral il y a 10 ou 15 millions d'années et dont l'évolution se poursuivit jusqu'à 6 ou 8 millions d'années av. J.-C., pour se transformer progressivement en un Australopithécidé archaïque, se déplaçant en station verticale, peu après 6 millions d'années. Vers 4 millions d'années,

les Australopithécidés apparaissent définitivement et, vers 3,7 millions d'années, on trouve des fossiles d'une espèce identifiable : *afarensis,* la plus petite et la plus primitive connue jusqu'alors. Il y eut peut-être un lien entre elle et *Ramapithecus,* mais il reste à établir.

Si l'on remonte dans le temps, au-delà de la frontière des 3 millions d'années, on peut présumer d'un début de scission chez les populations d'Australopthécidés primitifs. Pour l'un des groupes, on distingua de plus en plus clairement un ensemble des quatre traits suivants : réduction de la taille des dents postérieures; augmentation de celle des dents antérieures; volume du cerveau accru; aptitude croissante dans la fabrication et l'utilisation des outils de pierre. Manifestement, ces quatre caractéristiques étaient liées entre elles par une sorte de rapport évolutif car, durant un demi-million ou un million d'années, elles exercèrent les unes sur les autres une force suffisante pour engendrer les premières créatures auxquelles on put raisonnablement donner le nom d'hommes. Ce processus s'amorça peut-être voici 2,4 millions d'années, voire plus tôt. Vers 2 millions d'années, il avait atteint un point où il devenait possible d'identifier et de nommer *Homo habilis.*

Entre-temps, d'autres populations d'*afarensis,* suivant un cours évolutif sensiblement différent et en s'adaptant à d'autres niches écologiques commencèrent à témoigner de caractéristiques physiques bien spécifiques. Leur cerveau ne se développa pas; leurs dents postérieures devinrent de plus en plus massives; la taille de leurs dents antérieures diminua; s'ils utilisaient des outils, ils le faisaient rarement et, certainement, n'en devenaient pas dépendants. *Africanus* est le seul type qui se distingue d'*afarensis,* en acquérant des molaires plus lourdes. *Robustus* et *boisei* ne font que suivre cette tendance.

Généalogie de l'homme : nouvelles séquences de fossiles

Cet arbre généalogique dû à Bernard Campbell de l'université de Californie à Los Angeles fait état des dernières théories sur les origines de l'homme. Le schéma proposé par Campbell rappelle le tronc d'une vigne plutôt que celui d'un arbre unique. Les découvertes de fossiles laissent penser que les premiers hominidés Australopithécidés évoluèrent à partir d'un ancêtre primate *(Ramapithecus)* il y a environ 6 millions d'années. On sait désormais qu'un Australopithèque, qui marchait en station verticale, exista entre 3 et 4 millions d'années avant notre ère. Cet hominidé a récemment reçu le nom de *Australopithecus afarensis.* Deux races d'hominidés seraient issues de ce dernier. L'une, de plus en plus tributaire des outils, se transforma en une créature humaine dotée d'un cerveau plus développé, et dont l'exemple le plus fréquent est *Homo habilis,* qui apparut définitivement vers 2 millions d'années. L'autre, composée des populations *afarensis,* demeura australopithécidée. N'utilisant pas d'outils, ils conservèrent un cerveau réduit et se nourrirent essentiellement de matières végétales grossières. En conséquence, ils acquirent des mâchoires plus massives et évoluèrent en *africanus, robustus* et *boisei,* qui tous disparurent il y a 1 million d'années.

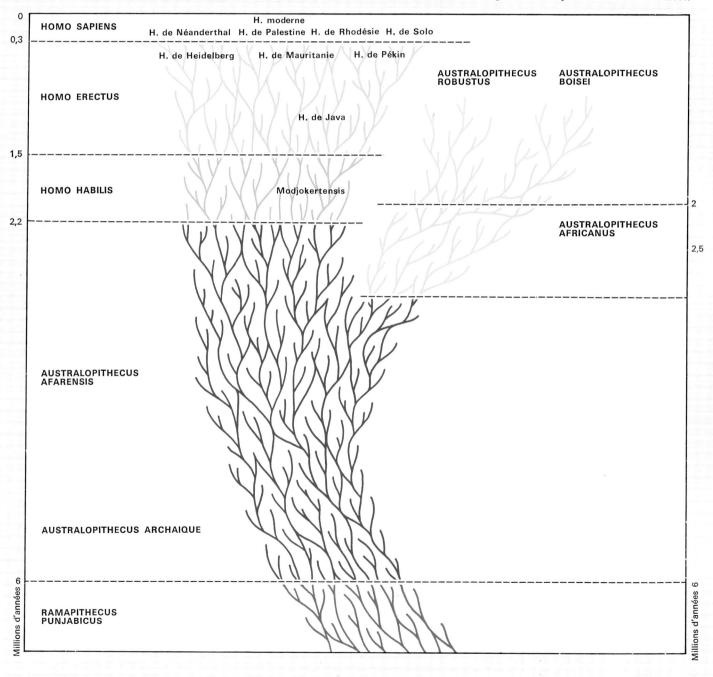

Une fois encore, la logique veut que l'on établisse un rapport entre ces particularités. Cela donne, en effet, à penser que certaines populations s'adaptèrent de mieux en mieux à un régime de matières végétales grossières, qui durent fortement différer des espèces de fruits et de racines que leurs ancêtres anthropoïdes mangeaient dans les arbres; sinon, leurs dents ne se seraient pas transformées.

On ne comprend pas encore comment ou pourquoi cette différenciation eut lieu. En revanche, il est certain que le mode de vie des Australopithécidés les plus récents ne dépendait pas des outils, et ne reposait ni sur la chasse ni sur un régime carné. On sait en outre la localiser : dans la savane et à la lisière des forêts, sur les rives des lacs et des fleuves, où vivait également, quoique différemment, *Homo habilis*. Avec le temps, l'écart entre l'homme et les Australopithécidés devint de plus en plus grand. Un million d'années avant notre ère, période à laquelle le dernier des Australopithécidés dut disparaître, cette différence s'était accentuée.

Entre-temps, il est possible qu'une troisième lignée d'Australopithécidés se soit développée en Asie : dans les années trente, des fossiles de pré-hominiens furent exhumés à Java par l'anthropologue néerlandais G.H.R. von Koenigswald. Pendant longtemps, ces fossiles furent généralement considérés comme des spécimens archaïques d'une race asiatique de type *Homo erectus* primitif, lequel était l'ancêtre de l'homme de Java, de l'homme de Pékin et autres. Mais, depuis la découverte de *Homo habilis* en Afrique, on peut comparer ceux-ci aux autres types découverts par Koenigswald et relever les caractéristiques communes aux deux espèces. Le type de von Koenigswald est-il également un *Homo habilis ?* Nous n'en savons rien. Les témoignages fossiles sont maigres, la datation incertaine et plusieurs sites originaux ont été irrémédiablement détruits. Cependant, Campbell trouve au type de Koenigswald *(Homo modjokertensis)* assez de traits rappelant *habilis* pour le placer dans son lignage comme une seconde partie de la phase *habilis*.

Dans ces conditions, *Australopithecus* archaïque doit avoir été une créature en progrès, adaptable et adaptée, qui s'est largement répandue dans les régions tropicales de l'Ancien Monde en évoluant peu à peu, comme toute espèce de ce genre. Trois populations, isolées pendant un certain temps, se sont transformées, chacune à sa façon, en marge de la lignée évolutive directrice. Telle est la théorie de Campbell.

Ce savant propose également une solution concernant *Homo habilis*. La question à résoudre est celle-ci : *Homo habilis* descend-il réellement d'un ancêtre Australopithécidé ou se situe-t-il sur une lignée ancienne séparée qui lui est propre ? Selon Campbell, il est issu d'*afarensis,* apparut voici 2 millions d'années environ, et a évolué en *Homo erectus* il y a 1,5 million d'années.

Campbell pourrait-il se tromper ? Oui, c'est possible. Dans ce cas, il serait le premier à l'admettre. En fait, il s'efforce, comme ses confrères, de recomposer ce passionnant puzzle à la lumière des nouvelles preuves. Les différences entre *afarensis, boisei, africanus* et *robustus* exigent quelque aménagement de l'arbre généalogique, et la théorie de Campbell est logique. Elle rencontre une sérieuse opposition de la part des savants pour qui toutes les formes d'Australopithécidés sont des variantes d'une seule espèce.

Le procès de l'origine de l'homme en tant qu'Australopithécidé reste ouvert. Le cas soumis au jury pourrait se résumer ainsi :

Les Australopithécidés sont issus des anthropoïdes. Les études de fossiles, celles de la nature physique et du

Généalogie de l'homme : un éventail de théories

Ces généalogies montrent l'interprétation différente des fossiles que donnent cinq experts, et l'évolution que subissent les théories à chaque nouvelle découverte. Ces cinq arbres généalogiques sont dessinés selon une même échelle de périodes géologiques, mais aucune date n'est donnée en raison de la divergence d'opinions des experts (voir page 138 la légende des couleurs).

Première théorie : le regretté sir W. Le Gros Clark l'avait énoncée en 1959. A gauche, on voit un certain nombre d'anthropoïdes éteints, une ligne menant aux gibbons actuels. Clark place Australopithecus sur des rameaux en voie d'extinction, de même que Pithecanthropus, l'homme de Néanderthal et l'homme de Rhodésie.

La deuxième théorie de John Napier (Queen Elizabeth College, Londres) remonte à 1971. Un très ancien primate fossile Aegyptopithecus conduit à Ramapithecus. Le premier Homo véritable est appelé d'abord habilis, puis erectus. Napier admet deux espèces seulement de Australopithecus : A. africa-

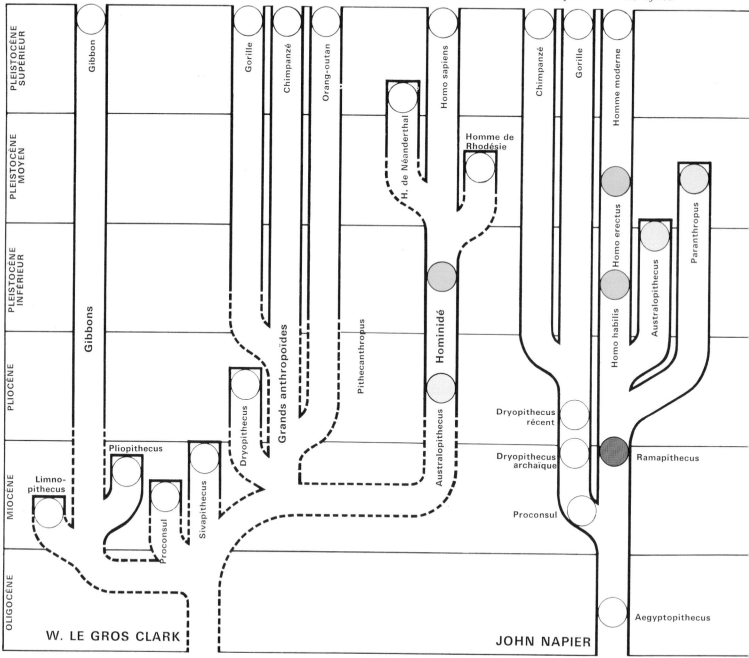

nus, et *A. boisei*, appelé *Paranthropus*.

La troisième théorie, de Philip J. Tobias de l'université de Witwaterstrand, Afrique du Sud, date de 1965. Deux espèces — *A. boisei* et *A. africanus* — dérivent d'un *Australopithecus* ancestral, puis s'éteignent. Une autre branche d'*Australopithecus* donne *Homo habilis*, *Homo erectus*, l'homme de Néanderthal et l'homme moderne.

L'arbre de C. Loring Brace (université de Michigan), daté de 1971, est très simple. Il conduit directement de *Aegyptopithecus* à l'homme moderne. Brace, quant à lui, n'admet qu'une seule forme de *Australopithecus*.

La cinquième théorie fut également due à Brace en 1971. Elle reflète les vues de Louis Leakey, auteur des découvertes d'Olduvai. Ici, Proconsul (que certains considèrent comme plus proche d'un anthropoïde que d'un hominidé) se trouve sur la branche principale. Leakey appelle *Ramapithecus kenyapithecus*, et il ne reconnaît qu'un seul Australopithécidé : le super-robuste *boisei*. Ce que d'autres appellent *africanus*, ou *Australopithecus habilis*, est ici baptisé *Homo habilis*. Cette forme conduit directement à l'homme moderne, avec une branche latérale possible qui donna *Pithecanthropus* (forme de *Homo erectus* de Java) et s'éteignit avec Néanderthal.

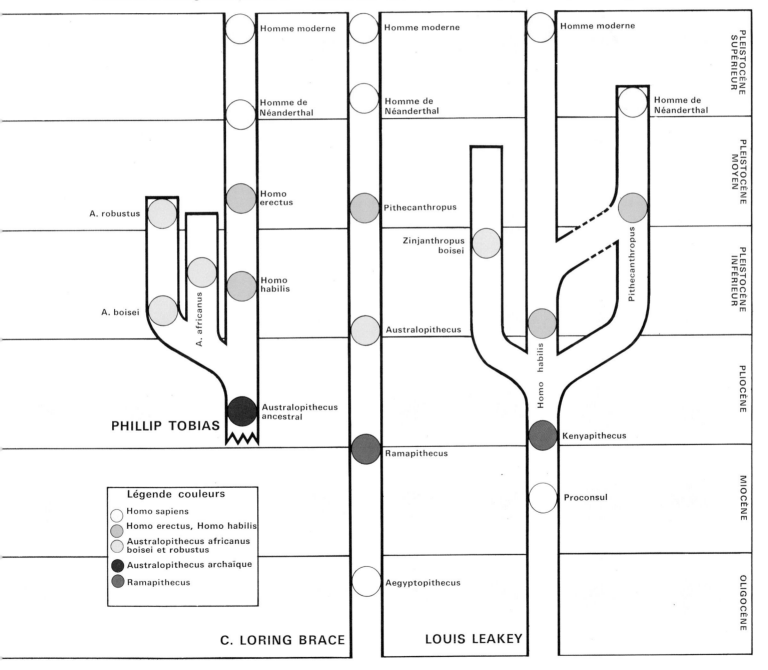

comportement des anthropoïdes actuels le prouvent. Les plus proches parents anthropoïdes des hominidés furent des ancêtres du chimpanzé et du gorille. Les hominidés ont suivi un chemin évolutif différent de celui des autres anthropoïdes en occupant un habitat où ne se seraient jamais risqué le chimpanzé ou le gorille : nos ancêtres vécurent dans la savane ouverte. Par suite d'un feedback complexe, ce mode de vie développa concurremment l'habileté manuelle, l'usage des outils, le bipédisme et les activités de chasse. Ainsi, ces caractères et ce milieu déterminèrent progressivement la fabrication d'outils, le partage de la nourriture, la formation de la famille, un constant développement de l'intelligence jusqu'à ce que celle-ci atteigne le niveau d'évolution où l'on peut parler d' « homme ». Ce stade ne s'était pas amorcé il il a 3 millions d'années, mais débuta sans doute possible voici 2 millions d'années.

Cela laisse un « trou » d'environ un million d'années (à plus ou moins 200 000 ans près) durant lesquels les progrès se réalisèrent en direction de l'homme. Cette progression ne fut sans doute pas régulière, et il n'existe aucune raison de supposer qu'elle prit place au même rythme dans les diverses parties du monde. En fait, une telle hypothèse est hautement improbable puisque les organismes s'adaptent au milieu et que les environnements diffèrent d'un point du globe à l'autre. Il est possible qu'il ait existé des populations isolées qui se sont simplement éteintes avec le temps. Dans ce cas, leurs fossiles, une fois découverts, poseront d'autres problèmes, comme le firent certains îlots de Néanderthaliens attardés et isolés dont on a exhumé les fossiles en Europe du Nord-Ouest.

Quoi qu'il en soit, le facteur nécessaire à l'évolution générale de l'espèce qui, de *Australipothecus* devint *Homo,* était le maintien de contacts même éloignés et ténus qui assurât un échange de gènes entre les populations.

C'est la leçon que nous pouvons tirer des petites lignes qui figurent sur l'arbre généalogique dressé par Campbell. L'évolution ressemble à un pied de vigne qui se subdivise en nombreux rameaux : certains blanchissent et meurent, mais la plupart se resserrent et se combinent avec les autres pour former un tronc central à multiples brins, et non une unique tige homogène et linéaire.

Tel est le modèle d'arbre généalogique que nous adopterons et c'est cette période critique de un million d'années, entre trois et deux millions d'années av. J.-C. que nous allons étudier. S'il existe un « chaînon manquant » — quel qu'il soit — dans la série de liens et de vrilles qui composent la chaîne de l'évolution des hominidés, celui-ci doit alors être un *Homo habilis* naissant, un Australopithécidé-devenant-homme. Cet être vécut dans la savane africaine près des cours d'eau ou au bord des lacs, dans un ancien décor qui ne différait pas dans l'essentiel des paysages identiques que l'on trouve aujourd'hui en Afrique. Quelque part sur ce rivage lointain et durant une période d'au moins 2 millions d'années se situe la frontière entre le singe et l'homme.

Les experts
ont la parole

Les autorités scientifiques représentées ici sont identifiées sur les pages suivantes avec leurs théories souvent contradictoires sur l'évolution de l'homme.

Depuis ses débuts, la paléoanthropologie a toujours été une science de théorie très discutée. Les savants tombent rarement d'accord.

A ses origines, cette science ne disposait que d'un nombre si infime de fossiles que toute théorie échafaudée sur les relations existant entre les crânes, les dents et les mâchoires d'hominidés découverts pouvait être aussi valable qu'une autre. Les preuves manquaient pour confirmer ou infirmer les hypothèses émises. Aujourd'hui, la situation est entièrement différente. Les fossiles disponibles s'accroissent constamment et inondent les musées et les laboratoires, à un rythme plus rapide que celui consacré à l'étude de chaque pièce. De nouvelles disciplines ont été appliquées à l'analyse des découvertes fossiles : géologie, physique, botanique, climatologie, chimie, comportement animal, biologie moléculaire. Chacune éclaire la question d'un jour nouveau mais, simultanément, chacune fait naître de nouveaux problèmes en raison même des désaccords qui existent entre ces sciences. Jamais auparavant il n'exista un aussi grand nombre de théories rationnelles, séduisantes — et pour le moins contradictoires — sur les origines de l'homme.

Les portraits présentés ci-dessus sont ceux de 15 savants réputés dont chacun depuis 1970 a traité le problème de l'évolution humaine à sa manière personnelle. Tous ont apporté une contribution aux idées exprimées dans ce livre, car tous possèdent leur propre théorie sur l'apparition de l'homme.

SHERWOOD L. WASHBURN

Washburn, qui est professeur à l'université de Californie à Berkeley, est l'une des autorités mondiales de l'étude du comportement des primates. Il croit que l'utilisation d'un grand nombre de disciplines annexes, outre la sienne, sont vitales à la compréhension de l'évolution de l'homme et il invite tous les scientifiques à se joindre à lui dans cette recherche.

L'étude de l'évolution de l'homme est un jeu plutôt qu'une science à proprement parler. Le passé lointain ne peut être reconstitué en laboratoire ni soumis à des expériences soigneusement contrôlées. En dépit de tous les progrès récemment apportés à la compréhension des mécanismes évolutifs et à celle des primates fossiles, les opinions des savants divergent. D'aucuns pensent que l'homme s'est séparé des autres primates voici 50 millions d'années, d'autres opinent pour le chiffre de moins de 10 millions.

Je me suis efforcé d'apprendre les règles du jeu de l'évolution. Un os peut paraître un objet relativement simple, susceptible d'être aisément décrit et interprété. Cependant, lorsque l'os tenait sa place, il faisait partie d'un animal vivant et il est stupéfiant de voir combien l'os apparaît différent à quelqu'un qui a su observer les singes et les anthropoïdes vivants.

LOUIS LEAKEY († 1972)

Louis Leakey resta l'une des figures les plus controversées de la paléoanthropologie, défendant avec opiniâtreté ses opinions personnelles. On lui doit une grande variété de découvertes maintenant légendaires, dont celle d'une créature extrêmement ancienne, *Kenyapithecus africanus*, qu'il considérait comme un hominidé et qu'il trouva dans des couches rocheuses datant de 20 millions d'années. C'est Leakey qui exhuma un lointain ancêtre de l'homme, *Ramapithecus* (âge 14 millions d'années). A partir de ces vestiges, il avait reconstitué un arbre généalogique sur lequel les Australopithécidés figurent comme les cousins et non les ancêtres directs de l'homme (genre *Homo*).

Les Australopithécidés se développèrent indépendamment de l'homme véritable (Homo) qui était approximativement leur contemporain. Il y a 3 millions d'années, les deux formes existaient dans l'Est africain.

Mes découvertes montrent que l'arbre généalogique de l'homme s'est séparé du tronc des grands anthropoïdes voici plus de 20 millions d'années; que le genre Homo remonte, dans l'Est africain, à une période comprise entre 1,5 et 3 millions d'années; qu'une forme de Homo erectus a vécu en Afrique avant de vivre en Asie et finalement que ce « presque homme », Australopithecus, s'était développé parallèlement puis disparut à une date comprise entre 50 000 et 1,5 millions d'années.

L'ancienneté de « l'homme pensant » moderne — soit 40 000 ans — ne représente qu'un instant par rapport aux 20 millions d'années de la période des hominidés. Nous pouvons donc espérer un long avenir pour notre espèce si nous ne nous la détruisons pas, en entraînant la planète avec nous.

DIAN FOSSEY

Miss Fossey représente une autorité dans l'étude du comportement du gorille de montagne d'Afrique centrale; c'est sur ce même terrain que les ancêtres des gorilles et *Australopithecus* ont vécu avant que les hommes-singes n'émigrent dans les plaines ouvertes. Elle découvre des parallèles entre le comportement social du gorille et celui de l'homme et ces ressemblances lui suggèrent que *Australopithecus* fut peut-être, tout comme le gorille moderne, une créature non agressive, prête à partager ses territoires avec ses semblables.

Les gorilles possèdent une structure sociale extrêmement cohérente. Comme les premiers hominidés qui vécurent au sol, ils se déplacent, dorment et se nourrissent en groupe. A l'origine, les groupes de africanus *et de* robustus *ont pu coexister; leur régime alimentaire était assez varié pour qu'ils pussent habiter côte à côte, sans concurrence territoriale. Une question se pose alors : les groupes de* robustus *défendaient-ils leur territoire contre les autres* robustus? *Les groupes de gorilles, bien que n'effectuant que des déplacements limités, ne montrent qu'un faible instinct territorial; cela est dû à l'abondance générale de végétation dans leur environnement. Ces animaux s'admettent donc mutuellement sur un même territoire.*

PHILLIP V. TOBIAS

Tobias est un expert dans la mesure précise et l'étude des fossiles d'Australopithécidés, dont il a tenu en main plus de spécimens que quiconque. Il se considère comme « l'un des pères » de *Homo habilis*, qui est peut-être le membre le plus discuté de l'arbre généalogique humain. Tobias tient *habilis* pour un véritable homme primitif, bien que d'autres savants le voient comme un Australopithécidé avancé — peut-être le chaînon manquant.

Notre théorie suivant laquelle Homo habilis *était une espèce contemporaine de* Australopithecus *souleva presque autant d'oppositions que ne le fit la première découverte de* Australopithecus. *Mais mes récentes démonstrations prouvant que la capacité cérébrale des spécimens* habilis *de l'Est africain apparaît de 50 % supérieure à la moyenne de celle de* Australopithecus *confirment nettement que nous sommes en présence d'un être plus avancé dans la direction humaine. Je ne m'inquiète pas outre mesure à la pensée que l'appellation* Homo habilis *survive à l'épreuve du temps. Ce qui importe, c'est le fait que cette dénomination s'applique à une population d'hominidés primitifs dont le cerveau est plus développé et certainement plus avancé en industrie lithique que tout autre contemporain ou prédécesseur. Cette créature se situe nettement sur la route conduisant à l'homme.*

RAYMOND DART

En 1924, Raymond Dart stupéfia le monde de l'anthropologie en découvrant un crâne fossile dans une carrière à Taung, en Afrique du Sud. Il le dénomma *Australopithecus africanus* et déclara carrément qu'il s'agissait d'un ancêtre de l'homme. Sa prétention fut repoussée, mais la profusion de découvertes successives réalisées à Taung et ailleurs, y compris une masse d'outils mêlés aux os, lui donna raison et le conduisit à affirmer que *Australopithecus* possédait la station droite, et qu'il était cannibale.

Lorsque, en 1924, je découvris le fossile de Taung Australopithecus africanus, *je fondais sa signification ancestrale sur les caractéristiques du crâne fossile et sur la présence de traits indiquant la marche bipède; mais mon analyse de crânes de babouin fracturés a démontré les habitudes de prédateurs et de cannibales des Australopithécidés, qui se servaient des os longs comme matraques et des calottes crâniennes comme récipients. Je me refuse à croire que les Australopithécidés aient pu parler. Leur vie familiale en hordes de chasse ne nécessite pas l'usage de communications très différentes de celles qu'emploient les autres carnivores.*

146

DAVID PILBEAM

Pilbeam est l'une des autorités mondiales pour tout ce qui touche aux fossiles d'Australopithécidés et aux anthropoïdes Dryopithécidés qui les ont peut-être précédé. Il est prêt à parier 3 contre 1 que les hominidés se sont séparés des anthropoïdes dans un passé très lointain, il y a 15 millions d'années.

Je pense que les espèces de Ramapithecus provenant d'Afrique et de l'Inde sont des hominidés. Je suis de plus en plus sceptique à l'idée que les hominidés se sont différenciés en tant que bipèdes de savane, fabricants d'armes. J'inclinerais à penser que des changements survenus dans un régime alimentaire essentiellement végétarien ont fourni l'élan initial. Je crois, en outre, que l'on a jusqu'ici attribué trop peu d'importance au rôle du langage et de la communication, en exagérant celui des outils au début de l'évolution humaine.

J. T. ROBINSON

Le zoologiste Robinson a à son crédit plus de 300 découvertes de fossiles à Sterkfontein, Kromdraai, et à Swartkrans (en Afrique du Sud). Ses études portant sur les types « robuste » et « gracile » de *Australopithecus* l'ont mené à des conclusions totalement différentes de celles énoncées par Richard Leakey *(page opposée)* et par le père de ce dernier, le regretté Louis Leakey *(page 144)*.

Les deux grands spécimens d'hominidés provenant de Sterkfontein et de Swartkrans contredisent la théorie selon laquelle les types « robuste » et « gracile » sont en fait des mâles et des femelles de la même espèce. S'il en était ainsi, les mâles auraient été nantis de canines proportionnellement moins développées que celles des femelles, ce qui ne se vérifie jamais chez aucun primate supérieur. De plus, les femelles auraient été des bipèdes à station droite, capables de marcher efficacement à grandes foulées, et donc très proches par cet aspect de l'homme moderne, tandis que les mâles auraient marché avec difficulté. Une telle population constitue un non-sens biologique.

F. CLARK HOWELL

Howell est connu par la méthode extrêmement détaillée qu'il a conçue pour les fouilles préhistoriques. Grâce à ses procédés, les trouvailles d'hominidés de l'Est africain purent être comparées aux découvertes des autres régions, et la signification d'un très ancien fossile de *Ramapithecus* put être reconnue. C'est seulement lorsqu'ils purent disposer de données sûres en cette matière que les scientifiques furent à même de se concentrer sur les aspects fondamentaux de l'apparition de l'homme : quand et où ces ancêtres apparurent ils ?

Au cours des dernières années, on s'est de plus en plus préoccupé de la nature, des sources et de la date d'origine des hominidés. Le problème fut posé naturellement par la découverte et la reconnaissance des Australopithécidés. Mais l'examen approfondi de ces questions ne fut possible qu'après les fouilles d'Olduvai, d'Omo, de Koobi Fora, de Kanapoi et de Lothagam, et après la reconnaissance de la place tenue par Ramapithecus découvert en Inde et au Kenya. Nous ignorons encore à quand remonte l'origine des hominidés, mais il est possible que celle-ci se situe entre 7 et 15 millions d'années, et qu'ils n'ont peut-être pas vécu exclusivement en Afrique. Cette période de temps est encore mal connue. Quiconque s'imaginerait que nous avons résolu le problème se ferait certainement des illusions.

RICHARD LEAKEY

Avant même d'avoir atteint la trentaine, R. Leakey s'est acquis une réputation extraordinaire par ses découvertes, à l'est de Koobi Fora. Il a exhumé en 1972 un crâne qu'il estime vraiment humain (datation 2,5 millions d'années) et le plus ancien de tous. Ses travaux alimentent des théories controversées sur l'origine de l'homme, sur sa très grande ancienneté et sur le rôle joué par l'utilisation des outils dans le développement des caractères humains *(pages 49 et 50)*. On peut ainsi évoquer la possibilité que la grande disparité de taille relevée entre les spécimens de *Australopithecus* ne soit due qu'au dimorphisme sexuel fréquent entre mâle et femelle d'une espèce unique.

Près de Koobi Fora, nous avons découvert un vaste site s'étendant sur près de 3 000 km². Il représente l'emplacement d'anciens fonds de lacs se rapportant à une période comprise entre 5 millions et un peu moins d'un million d'années. Nous avons tiré trois avantages de notre travail à cet endroit. Primo, nous possédons maintenant des spécimens suffisamment complets pour commencer à discuter des mécanismes de mastication et pour pouvoir interpréter les premiers patterns de locomotion. Secundo, nous avons acquis la certitude que Australopithecus boisei comprenait des mâles très grands et des femelles beaucoup plus petites; s'ils avaient été découverts sépa-

rément, ces êtres auraient pu être attribués à des espèces distinctes.

Finalement, nous possédons la preuve évidente que Australopithecus et Homo *ont coexisté. Il en découle que le genre* Homo *n'a pas évolué à partir de* Australopithecus *au cours du dernier million d'années, mais que ces deux êtres se sont dégagés d'un même tronc commun il y a 4 ou 5 millions d'années.*

Boisei *vivait voici 2 millions d'années; c'était un herbivore spécialisé. Je ne crois pas qu'il avait acquis pleinement la station droite, mais il serait erroné de considérer la locomotion des Australopithécidés comme intermédiaire entre la quadripédie et la bipédie. Je pense que cette allure représente quelque chose d'unique qui s'éteignit avec l'espèce.*

D'après les témoignages recueillis à Koobi Fora, Homo *possédait certainement la station droite. Cet homme primitif était un chasseur, mais je ne crois pas au concept décrivant les syndromes de l'agressivité d'un singe tueur. Je suis certain que la tendance de l'homme moderne à l'agressivité et au meurtre de sa propre espèce est un développement culturel très récent dont l'origine est probablement liée à une société matérialiste, à la création d'établissements fixes, de la propriété foncière et autres.*

GEORGE B. SCHALLER

Schaller commença par étudier l'un des primates apparentés à l'homme, le gorille de montagne, pour y trouver des indices de comportement humain; mais, il y a quelques années, il s'est davantage consacré à l'étude des mœurs d'animaux très éloignés de l'homme — les carnivores sociaux qui mangent de la viande et chassent en groupe. Schaller nous explique ici pourquoi.

L'homme est un primate par héritage, mais un carnivore par profession. Si nous voulons comprendre quelles forces évolutives ont modelé son corps, son esprit et sa société, nous devons admettre cette dualité dans son passé.

Il est devenu évident que les systèmes sociaux sont si fortement influencés par les conditions écologiques que les ressemblances entre les sociétés de primates supérieurs et celles de l'homme peuvent s'être produites par hasard. Les singes et les anthropoïdes sont essentiellement végétariens et n'occupent que des territoires relativement réduits. Au contraire, l'homme a été depuis plus de 2 millions d'années un chasseur à grand rayon d'action et un collecteur de carcasses. Les espèces qui ne lui sont pas génétiquement parentes, mais qui ressemblent du point de vue écologique à l'homme primitif, telles que le chien sauvage d'Afrique et le lion, pourraient nous en apprendre davantage que tout primate non humain sur les pressions de l'évolution qui ont façonné et maintenu notre société. Les chiens sauvages africains, par exemple, pratiquent une certaine division du travail. Certains adultes assurent la garde des jeunes pendant que d'autres partent en chasse; ils chassent également en coopération et partagent équitablement la nourriture; ces traits ne sont pas caractéristiques chez les primates non humains, mais on pense qu'ils ont joué un rôle important dans la genèse de la société humaine.

JANE GOODALL

La plus grande partie de sa vie professionnelle s'est déroulée à Gombe Stream, dans l'Ouest de la Tanzanie, où elle étudie les chimpanzés. Cet animal est le plus proche cousin actuel de l'homme, tant physiquement que par le comportement; Jane Goodall estime que là se trouve la clé qui nous ouvrira la compréhension de notre propre nature.

On a observé chez les chimpanzés de Gombe l'usage et la fabrication d'outils élémentaires pour se nourrir, se nettoyer, explorer leur environnement et servir d'armes. Ils chassent fréquemment de petits animaux pour se nourrir et peuvent déployer des techniques de chasse collective très ingénieuses. Il se noue des liens affectifs extrêmement forts entre la mère et l'enfant et entre frères de race, qui peuvent durer toute une vie.

La ressemblance des communications non verbales de l'homme et des chimpanzés est frappante. Non seulement les gestes mêmes peuvent être semblables, mais aussi les contextes auxquels ils se rapportent. Les hommes et les chimpanzés, lorsqu'ils se retrouvent après une séparation, peuvent s'étreindre, s'embrasser, se caresser ou se serrer la main.

Je crois que le fait de mieux comprendre le comportement du plus proche parent vivant de l'homme nous inspirera de nouvelles réflexions sur la base biologique de certains aspects du comportement humain : je pense particulièrement aux problèmes concernant l'éducation des enfants, l'adolescence, l'agressivité et certains désordres mentaux.

MARY LEAKEY

C'est Mary Leakey, veuve de Louis Leakey et mère de Richard, qui fit la première découverte d'un fossile de *Australopithecus* dans la gorge d'Olduvai. Depuis, elle s'est spécialisée dans l'étude de outillage lithique et elle est devenue une autorité mondiale sur la question.

Je ne suis pas une spécialiste en anthropologie physique et je préfère ne pas m'aventurer à désigner le plus ancien ancêtre de l'homme. En fait, je préfère que les critères applicables à l'homme soient basés sur la reconnaissance d'une fabrication d'outils organisée plutôt que sur la morphologie de tel ou tel fossile.

Les ancêtres de l'homme ont dû inévitablement passer par une étape où ils ne concevaient même pas la notion d'outil, puis de là au stade où ils utilisaient les objets naturels dans des buts divers ; ultérieurement, ils surent façonner les objets naturels à l'aide des mains ou des dents. Finalement, un outil fut utilisé pour en fabriquer un autre, exemple le percuteur pour détacher les éclats d'un chopper de silex. C'est à ce stade de développement que nous pouvons appliquer le terme Homo, à mon avis.

Je ne crois réellement pas que l'étude de l'homme fossile contribue de façon appréciable à la compréhension de l'homme moderne.

BERNARD CAMPBELL

Campbell est un spécialiste de l'anthropologie physique. Il appartient à ces gens qui, à la vue d'une mandibule ou même d'une seule dent, peuvent dire quel était le régime alimentaire de son propriétaire; d'après les os du pied comment il marchait, et déduire des os de la main l'espèce d'outil qu'il pouvait fabriquer. Ses observations font une synthèse de certaines disciplines comme l'écologie, la psychologie et les études sur le terrain du comportement animal afin de tenter de résoudre les problèmes qui hantent les philosophes depuis des millénaires : comprendre enfin les origines de la violence, le sens de l'amour, la puissance des liens familiaux.

L'intérêt central de mes recherches a toujours porté sur l'interprétation des fragments de fossiles d'hominidés afin de comprendre leur anatomie et, en conséquence, non seulement leur contexte écologique, mais aussi leur comportement et l'ensemble de leur mode de vie. L'homme moderne est un produit de ses gènes et de son environnement; si l'on veut comprendre correctement le comportement humain, il faut découvrir les racines génétiques de la nature de l'homme comme celles du milieu social dans lequel chaque individu est né, a grandi et s'est développé. Les études de préhistoire humaine me semblent d'une importance primordiale pour atteindre à la compréhension de nous-mêmes, objectif dont la réalisation peut signifier la vie ou la mort pour notre espèce.

G. H. R. VON KOENIGSWALD

Von Koenigswald découvrit des fragments humains et d'Australopithécidés à Sangiran, à Java, remarquablement identiques aux fossiles d'Olduvai en Afrique, à 8 000 km de là. Cette découverte, concurremment avec celle, en Inde, de *Ramapithecus* que l'on tient pour un ancêtre présumé de *Australopithecus*, conduisit Koenigswald à situer la région de l'origine de l'homme loin de celle que d'autres savants préconisent.

Je crois fermement que les premiers ancêtres de l'homme sont originaires d'Asie où Ramapithecus *vivait voici 10 millions d'années. Dans le centre de Java, on a trouvé des restes d'homme primitif* (Pithecanthropus) *aussi bien que d'Australopithécidés* (Meganthropus) *les uns à proximité des autres.*
  Cette association est assurément curieuse; elle signifie que des situations semblables existaient des deux côtés de l'océan Indien, à la fois à Olduvai et à Sangiran. Du point de vue géographique, la distance entre Java et l'Inde et celle qui sépare Olduvai de l'Inde sont à peu près identiques. Ceci suggère la possibilité que le développement humain a pris naissance en Inde.

VINCENT SARICH

Sarich considère comme un jeu la recherche des solutions au puzzle de l'évolution comme le fait son collègue Sherwood Washburn *(page 144)*. Mais Sarich occupe dans l'équipe une position différente; c'est un biologiste moléculaire qui reconstitue les arbres généalogiques par l'analyse des protéines. Il explique ici comment cette nouvelle méthode s'applique à la question.

Ce que nous recherchons, c'est une histoire de l'évolution. Aussi longtemps que nous ne possédions qu'une image fondée sur les fossiles, chacun pouvait contester cette image en argumentant sur l'interprétation des données anatomiques et ces discussions se poursuivent depuis un siècle. Ce que les molécules nous apportent, c'est un nouvel ensemble de règles qui limitent les interprétations possibles. Le biochimiste sait que ses molécules ont des ancêtres tandis que le paléontologue peut seulement espérer que ses fossiles ont laissé des descendants.

Les Origines de l'Homme

Ce tableau décrit la progression de la vie sur la terre à partir de sa première apparition dans les eaux chaudes de la planète nouvellement formée, puis à travers l'évolution de l'homme lui-même; on y retrace son développement physique, social, technologique et intellectuel jusqu'à l'aube de l'ère chrétienne. Pour représenter ces progrès selon les séquences chronologiques généralement adoptées, la première colonne à gauche de chacune des quatre

Géologie	Archéologie	Datation en milliards d'années	
Précambrien ère primitive		4,5	Création de la Terre
		4	Formation de la mer primitive
		3	Apparition de la vie dans l'eau (algues unicellulaires et bactéries)
		2	
		1	
		Datation en millions d'années	
			Apparition des premiers animaux à respiration oxygénée
		800	
			Les organismes primitifs produisent des cellules spécialisées interdépendantes
		600	Animaux invertébrés pluricellulaires à squelette externe Évolution des poissons cuirassés, premiers animaux à posséder une épine dorsale osseuse
Paléozoïque vie ancienne		400	Les petits amphibiens s'aventurent sur la terre ferme Apparition des reptiles et des insectes Apparition des thécodontes, ancêtres des dinosaures Début de l'âge des dinosaures
Mésozoïque vie moyenne			Apparition des oiseaux
		200	Des mammifères vivent dans l'ombre des dinosaures Fin de l'âge des dinosaures
		80	Développement des prosimiens, premiers primates à vie arboricole
Cénozoïque vie récente		60	
		40	**Évolution des singes et des anthropoïdes**
		20	
		10	*Ramapithecus,* le plus ancien primate connu à avoir présenté des traits humanoïdes évolue en Inde et en Afrique
		8	
		6	
		4	*Australopithecus,* qui est le plus proche ancêtre primate de l'homme, apparaît en Afrique

Géologie	Archéologie	Datation en millions d'années	
Pleistocène inférieur période la plus ancienne de l'époque la plus récente	**Paléolithique inférieur** période la plus ancienne de l'âge de la pierre taillée	2	**Plus anciens outils connus fabriqués par l'homme en Afrique**
			Le premier homme véritable, *Homo erectus,* apparaît en Insulinde et en Afrique
		1	*Homo erectus* se répand dans les régions tempérées
		Datation en milliers d'années	
Pléistocène moyen période intermédiaire de l'époque la plus récente		800	L'homme apprend à contrôler et à utiliser le feu
		600	
			La chasse à l'éléphant organisée se déroule en Europe sur une grande échelle
		400	L'homme commence à construire les premiers abris de branchages
		200	
Pléistocène supérieur dernière période de la plus récente époque	**Paléolithique moyen** période intermédiaire de l'âge de la pierre taillée		L'homme de Néanderthal apparaît en Europe
		80	
		60	Les rites funéraires en Europe et au Proche-Orient suggèrent la croyance en la survie
			Les Néanderthaliens chassent le mammouth laineux en Europe du Nord
Dernier âge de glace			L'ours des cavernes devient l'objet d'un culte en Europe
		40	
	Paléolithique supérieur dernière période de l'âge de la pierre taillée		L'homme de Cro-Magnon apparaît en Europe
			Des chasseurs asiatiques franchissent le détroit de Béring et vont peupler le Nouveau Monde
			Plus ancien document écrit connu : un calendrier lunaire gravé sur os (Europe)
			L'homme atteint l'Australie
			Les premiers artistes décorent les parois et les voûtes des grottes en France et en Espagne
		30	Figurines sculptées (culte de la Nature)
		20	Invention de l'aiguille à coudre
			Débuts de la chasse au bison dans les grandes plaines d'Amérique du Nord
		10	
Holocène époque actuelle	**Mésolithique** âge de la pierre moyenne		Invention de l'arc et de la flèche en Europe
			Apparition de la poterie au Japon

▼ 4 milliards d'années   ▼ 3 milliards d'années

▲ Origine de la Terre (4,5 milliards)   ▲ Apparition de la vie (3,5 milliards)

parties du tableau indique le nom des grandes ères géologiques selon lesquelles les savants divisent l'histoire de la terre; la seconde colonne indique la période archéologique de l'histoire humaine. Les dates clés dans le développement de la vie et des performances humaines remarquables se situent dans la troisième colonne (les années et les événements qui sont mentionnés au cours de ce volume sont imprimés en gras). Ce tableau ne conserve pas graphiquement l'échelle des temps, pour une raison très simple illustrée par l'échelle figurant en bas de la page. En effet, il est impossible de respecter l'échelle des temps pour une période qui commença voici 4,5 milliards d'années alors que la durée qui englobe la totalité de l'histoire humaine connue *(extrême droite)* est trop courte par rapport à l'ensemble pour être représentée en proportion réelle.

Géologie	Archéologie	Années avant J. C.	
Holocène (suite)	Néolithique âge de la pierre polie	9000	
			Domestication du mouton au Proche-Orient
			Domestication du chien en Amérique du Nord
		8000	La plus ancienne ville connue : Jéricho
			Domestication de la chèvre en Perse
			Premières cultures de céréales (blé et orge) au Proche-Orient
		7000	L'agglomération des habitants en bourgades se généralise au Proche-Orient
			Chatal Hüyük (en Turquie actuelle) devient la ville néolithique la plus importante
			Le métier à tisser apparaît au Proche-Orient
			Domestication des bovins au Proche-Orient
		6000	En Europe, l'agriculture commence à remplacer la chasse
			Le cuivre est utilisé comme monnaie d'échange dans la région méditerranéenne
	Age du cuivre		Première culture du maïs au Mexique
		4800	Construction du premier monument mégalithique connu (Bretagne)
		4000	Première navigation à voile en Égypte
			Fondation des premières cités-États de Sumer
			Premier emploi de sceaux cylindriques comme marque d'identification au Proche-Orient
		3500	Première culture de la pomme de terre en Amérique du Sud
			Invention de la roue à Sumer
			Première culture du riz en Extrême-Orient
			Premier élevage de vers à soie en Chine
			Domestication des chevaux dans le Sud de la Russie
			Les bateaux marchands égyptiens commencent à sillonner la Méditerranée
			Premiers documents en écriture pictographique (Proche-Orient)
	Age du bronze	3000	Premiers outils en bronze (Proche-Orient)
			La vie urbaine se développe dans la vallée du Nil
			Invention de la charrue au Proche-Orient
			Premier calendrier précis basé sur les observations astronomiques (Égypte)
		2800	Début de la construction de Stonehenge, monument mégalithique circulaire (Angleterre)
			Construction des pyramides (Égypte)
		2600	Divinités et héros glorifiés dans l'*Épopée du Gilgamesh* et autres récits épiques du Proche-Orient

Géologie	Archéologie	Années avant J. C.	
Holocène (suite)	Age du bronze (suite)	2500	Première civilisation urbaine dans la vallée de l'Indus
			Premières preuves de l'utilisation des skis en Scandinavie
			Premier recueil de lois écrites publié à Sumer
		2000	Apparition en Crète des sociétés minoennes
			L'usage du bronze se répand en Europe
			Domestication de l'éléphant et premiers élevages de poulets dans la vallée de l'Indus
			Première culture esquimaude dans la région du détroit du Béring
		1500	Apparition des grandes pirogues de haute mer à balancier, capables d'atteindre les îles du Pacifique Sud
			Premières sculptures religieuses en bronze (Chine)
			Empire des Hittites, gouvernement centralisé administrant des provinces lointaines
	Age du fer	1400	Apparition du fer au Proche-Orient
			Première écriture à alphabet complet réalisée par les Ougarites (Syrie)
			Moïse dirige la fuite des Israélites hors d'Égypte
		1000	Domestication du renne en Eurasie
			Les Phéniciens établissent l'alphabet moderne
		900	
		800	L'usage du fer commence à se répandre en Europe
			Construction du premier réseau de routes à grande circulation en Assyrie
			Homère compose l'*Iliade* et l'*Odyssée*
			Des peuples de cavaliers qui nomadisent au Proche-Orient apparaissent comme une nouvelle et puissante force
		700	Fondation de Rome
			Cyrus le Grand règne sur l'Empire perse
		500	Création de la République romaine
			Invention de la brouette à roue (Chine)
		200	Rédaction des épopées mythologiques de l'Inde : *Mahâbhârata* et *Râmâyana*
			Invention de la roue à aubes (Proche-Orient)
		0	Début de l'ère chrétienne

▼ 2 milliards d'années   ▼ 1 milliard d'années

Premiers animaux respirant de l'oxygène (900 millions) ▲   Premiers animaux à posséder ▲ Premiers hommes (2 millions) ▲
une colonne vertébrale (470 millions)

Sources des illustrations

Les sources des illustrations de cet ouvrage figurent ci-dessous. Les renseignements de gauche à droite sont séparés par des points-virgules; ceux de haut en bas sont séparés par des tirets.

Couverture — Illustration de Herb Steinberg, photographie d'arrière-fond par le Dr Edward S. Ross. 8 — Illustration par Burt Silverman, photographie d'arrière-fond par Alfred Eisenstaedt pour le compte de LIFE. 13 — Carte par Adolph E. Brotman. 16, 17 — Motifs en papier par Nicholas Fasciano, photographiés par Ken Kay. 21 à 31 — Illustrations de Burt Silverman, les photographies d'arrière-fond sont indiquées séparément : 21 — Pete Turner. 22, 23 — J. Alex Langley de D.P.I.; Emil Schulthess de Black Star. 24, 25 — Pete Turner. 26, 27 — Maitland A. Edey. 28, 29 — Dale A. Zimmerman et Marian Zimmerman; Maitland A. Edey. 30, 31 — Constance Hess extrait de *Animals Animals*. 32 — Michael Irwin avec l'aimable autorisation du Transvaal Museum, Pretoria, Afrique du Sud. 35 — Fritz Goro, Museum Peabody d'Histoire naturelle, université Yale. 36 — Dessins de Adolph E. Brotman. 40, 41 — Fritz Goro, Museum Peabody d'Histoire naturelle, université Yale. 42, 43 — Dessins de Susan Fox. 46 — Henry Groskinsky. 50 — Fritz Goro, Muséum de Zoologie comparée, université Harvard. 54 à 62 — Dessins de Don Punchatz. 67 — John Reader pour le compte de LIFE. 68 — Gordon W. Gahan, Société nationale de Géographie. 69 — Dr Roger C. Wood. 70, 71 — John Reader pour le compte de LIFE. 72, 73 — Dr Roger C. Wood. 74, 75 — Gerald G. Eck. 76, 77 — Frank Woehr de Photo Trends. 78 — Hugo van Lawick, Société nationale de Géographie. 82, 83 — Conception de Jeheber & Peace, Inc. Illustrations de Robert Frost. 88 — Hugo van Lawick, Société nationale de Géographie. 90 à 95 — Dr Timothy W. Ransom. 98 — Hugo van Lawick, Société nationale de Géographie. 99 — Dr Timothy W. Ransom, Société nationale de Géographie — Patrick P. MacGinnis, Société nationale de Géographie. 102 — Dr Timothy W. Ransom, Société nationale de Géographie. 106 — Maitland A. Edey. 110, 111, 112 — Dessins de Nicholas Fasciano. 113 — Alan Root. 114, 115 — Dessins de Nicholas Fasciano; Willard Price. 116 — Dessins de Nicholas Fasciano. 117 — Alan Root sauf en haut à gauche, Hugo van Lawick. 122 à 125 — John Reader avec l'aimable autorisation du Muséum national du Kenya. 128 — Leonard Wolfe avec l'aimable autorisation de l'Institut Carnegie, Washington D.C. 132 — Conception de Jeheber & Peace, Inc. Illustrations de Robert Frost. 135 à 141 — Dessins de Adolph E. Brotman. 143 — Les sources des illustrations pour cette page figurent de la page 144 à 149 : 144 — Brian L. O'Connor; Gordon W. Gahan, Société nationale de Géographie. 145 — Photographie de Robert M. Campbell © Société nationale de Géographie; Michael Irwin; Dr C. K. Brain. 146 — Cynthia Ellis; Margaret E. Donnelly; Ted Streshinsky. 147 — John Reader pour le compte de LIFE; Kay Scheller. 148 — Extrait de *In the Shadow of Man*, par Jane van Lawick-Goodall. Photographies de Hugo van Lawick. Copyright © 1971 par Hugo et Jane van Lawick-Goodall. Imprimé avec l'autorisation de la Houghton Mifflin Company; Gordon W. Gahan, Société nationale de Géographie. 149 — Enrico Ferorelli; avec l'aimable autorisation du Pr G. H. R. von Koenigswald; Dr George Mross.

Remerciements

Nous remercions les personnes suivantes pour leurs conseils et leurs suggestions utiles concernant certaines parties de cet ouvrage : John Crook, professeur de Psychologie, université de Bristol, Bristol, Angleterre (le comportement des babouins et l'organisation sociale); Jane Goodall, directeur scientifique, Centre de recherches sur les Réserves de Gombe Stream, Kigoma, Tanzanie (le comportement des chimpanzés); F. Clark Howell, professeur d'Anthropologie, université de Californie, Berkeley, (les découvertes des fossiles d'Omo); Clifford J. Jolly, professeur adjoint d'Anthropologie, université de New York (le comportement des primates, l'évolution des hominidés en tant qu'herbivores et l'interprétation des fossiles); Mary D. Leakey, chef de recherches, Projet de recherches de la gorge d'Olduvai, Langata, Nairobi, Kenya (les outils des hominidés et la fabrication des outils); Richard Leakey, directeur, Muséum national du Kenya, Nairobi (les découvertes fossiles de la région de Koobi Fora); David Pilbeam, professeur adjoint d'Anthropologie, université Yale (l'analyse générale des fossiles et des datations des Australopithécidés et pré-Australopithécidés); Vincent M. Sarich, professeur adjoint d'Anthropologie, université de Californie, Berkeley (le rôle de la biologie moléculaire dans la datation et les études sur l'évolution); et George B. Schaller, assistant de recherches, Société zoologique de New York et Institut de recherches sur le Comportement animal de l'université Rockefeller, New York (le comportement des gorilles et carnivores sociaux comme modèles pour les hominidés dans la chasse).

L'auteur et les rédacteurs de cet ouvrage tiennent également à exprimer leurs remerciements à Kay Behrensmeyer, Muséum de Zoologie comparée, université Havard; Edward Berger, chercheur, Laboratoire spécial de la recherche, Veterans Administration Hospital, New York; Claud Bramlett, professeur adjoint d'Anthropologie, université du Texas; Raymond A. Dart, professeur honoraire, université de Witwatersrand, Johannesbourg, Afrique du Sud; Phyllis Jay Dolhinow, professeur adjoint d'Anthropologie, université de Californie, Berkeley; Gerald Eck, département d'Anthropologie, université de Californie, Berkeley; Rhodes W. Fairbridge, professeur de Géologie, université Columbia; Dian Fossey, Ruhengeri, Rwanda, Est africain; David Hamburg, président, département de Psychiatrie, École de Médecine de l'université de Stanford; B. H. Hoyer, Institut Carnegie, Washington D.C.; Glynn L. Isaac, professeur adjoint d'Anthropologie, université de Californie, Berkeley; Richard F. Kay, Muséum Peabody d'Histoire naturelle, université Yale; L. S. B. Leakey, spécialiste de la Préhistoire, Muséum national du Kenya, Nairobi; Bryan Patterson, professeur de Paléontologie des Vertébrés, université Harvard; Timothy W. Ransom, université de Californie, Berkeley; Nancy Rice, Institut Carnegie, Washington D.C.; John T. Robinson, professeur de Zoologie, université du Wisconsin, Madison; Elwyn L. Simons, professeur de Paléobiologie des Vertébrés et de Primatologie, Muséum Peabody d'Histoire naturelle, université Yale; Richard H. Tedford, conservateur, département de la Paléontologie des Vertébrés, Muséum américain d'Histoire naturelle, New York; Phillip V. Tobias, département d'Anatomie, Faculté de Médecine, université de Witwatersrand, Johannesbourg, Afrique du Sud; Ralph von Koenigswald, Muséum Senkenberg, Francfort, Allemagne; Adrienne Zihlman, professeur adjoint d'Anthropologie, université de Californie, Santa Cruz.

Bibliographie

Généralités

Alimen, H., *Atlas de la préhistoire* T.I. Boubée et Cie, Paris. *Atlas d'histoire naturelle.* Boubée et Cie, Paris.

Arambourg, Camille, *la Genèse de l'Humanité.* P.U.F., Paris, 1958.

Auger, Pierre, *l'Homme microscopique.* Flammarion, Paris, 1972.

Baumvart, J., *les Sensations chez l'animal.* P.U.F., Que sais-je? n° 576.

Beattie, J., *Introduction à l'anthropologie sociale.* Payot, Paris, 1972.

Boorer, W., *les Mammifères.* Poche couleur, Larousse, Paris, 1971.

Bourdier, Franck, *Préhistoire de France.* Flammarion, Paris, 1972.

Bourlière, Dr F., *Vie et mœurs des mammifères.* Payot, Paris, 1956.

Boyd, W., *Génétique et races humaines. Introduction à l'anthropologie.* Payot, Paris, 1952.

Breuil, H. et R. Lanvier, *les Hommes de la pierre ancienne.* Payot, Paris, 1959.

Carrington, Richard (sous la direction de), Grande Encyclopédie de la Nature, 20 vol. Vol. 17, *les Primates,* par A. H. Schultz. Vol. 18, *l'Apparition de l'homme,* par J.S. Weiner et J.L. Heim. Bordas, Paris, 1971.

Chauchard, Dr Paul, *le Cerveau et la conscience.* Rayon de la Science, Le Seuil, Paris, 1962. *Précis de biologie humaine.* P.U.F., Paris, 1957.

Childe, V.-G., *l'Europe préhistorique.* Payot, Paris, 1962.

Clark, Desmond, *The Prehistory of Africa.* Praeger, 1970.

Dart, Raymond, *Adventures with the Missing Link.* Viking Press, 1959.

Day, M.-H., *l'Homme préhistorique.* Larousse, Paris, 1970.

Dobzhansky, Theodosius, *l'Hérédité et la nature humaine.* Flammarion, Paris, 1972.

Dolhinow, Phyllis Jan, et Vincent Sarich, eds., *Background for Man.* Little, Brown, 1971.

Farb, Peter, *les Indiens. Essai sur l'évolution des sociétés humaines.* Le Seuil, Paris, 1971.

Folco Quilici, *les Derniers primitifs.* Collection International Library, Voir et Savoir,

Flammarion, Paris, 1972.

Fondation Singer Polignac, *l'Instinct dans le comportement des animaux à l'homme.* Colloque, 1965.

Furon, R., *Manuel de préhistoire générale.* Payot, Paris, 1966.

Goldberg, J., *l'Animal et l'homme.* Denoël, Paris, 1972.

Howell, F. Clark, et les rédacteurs des Éditions TIME-LIFE, *l'Homme préhistorique.* Paris, 1971.

Howells, W., *Préhistoire et histoire naturelle de l'homme.* Payot, Paris, 1953

Lavocat, R., *Histoire des mammifères.* Le Seuil, Paris, 1967. *Faunes et flores préhistoriques quaternaires.* Boubée et Cie, Paris, 1970.

Leakey, Louis S.B., *The Progress and Evolution of Man in Africa.* Oxford University Press, 1961.

Leakey, Louis S.B., and Vanne M. Goodall, *Unveiling Man's Origins.* Harper, 1971.

Le Roy Ladurie, *Histoire du climat depuis l'an mil.* Flammarion, Paris, 1972.

Moore, Ruth, et les rédacteurs des Éditions TIME-LIFE, *l'Évolution.* Paris, 1972.

Nougier, L.-R., *l'Économie préhistorique.* P.U.F., Que sais-je? Paris, 1970.

Pilbeam, David, *Evolution de l'homme.* Express, Paris, 1971.

Rode, P., *Petit atlas des mammifères,* T. I, II, III, IV. Boubée et Cie, Paris, 1970.

Schenk, Gustave, *l'Homme.* Arthaud, Paris, 1963.

Teilhard de Chardin, P., *les Visions du passé.* Le Seuil, Paris, 1957. *L'Apparition de l'homme.* Le Seuil, Paris, 1956.

Varagnac, A., *l'Homme avant l'écriture.* A. Colin, Paris, 1959.

Vogel, G. et H. Angenman, *Atlas de biologie.* Stock, Paris, 1970.

Washburn, Sherwood L., ed., *Social Life of Early Man.* Aldine, 1961.

Washburn, Sherwood L. et Phyllis C. Jay, eds., *Perspectives on Human Evolution.* Holt, Rinehart and Winston, 1968.

Les fossiles

Boule, Marcel, *les Hommes fossiles.* Masson, Paris, 1946.

Chavan, André, *Détermination pratique des fossiles.* Masson, Paris, 1957.

Day, Michael, *l'Homme fossile.* Atlas poche Larousse, Paris, 1970.

Denizot, George, *Atlas des fossiles.* Boubée

et Cie, Paris, 1951-1958.

Genet-Varcin, E., *les Singes actuels et fossiles.* Boubée et Cie, Paris, 1970.

Leakey, M.D., *Olduvai Gorge,* Vol. 3. Cambridge University Press, 1971.

Piveteau J., *la Paléontologie humaine* (traité). Paris, Masson, 1957. Tome 7.

Processus de l'Hominisation, Colloque C.N.R.S., Paris, 1958.

Tobias, Phillip V., *The Brain in Hominid Evolution.* Columbia University Press, 1971.

Les primates

Baumgärtel, W., *Au pays des gorilles, dans la forêt vierge de l'Ouganda.* Payot, Paris, 1961.

Boulenger, E.-G., *les Singes.* Payot, Paris, 1952.

Carpenter, C.-R., Dr, *The Behavior and social relations of howling monkeys.* Hopkins, 1934.

Eimerl, Sarel et Irven de Vore, et les rédacteurs des Éditions TIME-LIFE, *les Primates, Paris,* 1972.

Genet-Varcin, E., *A la recherche du primate ancêtre de l'homme.* Boubée et Cie, Paris, 1972.

Lawick-Goodall, J. van, *les Chimpanzés et moi.* Stock, Paris, 1972.

Lowie, R., *Traité de sociologie primitive.* Payot n° 137, Paris.

Morgan J. de, *l'Humanité préhistorique.* A. Michel, Paris, 1921.

Morris, Ramona et Demond, *Hommes et Singes.* Marabout Université, Bruxelles, 1971.

Premack A. et D., *Teaching language to an ape,* Scientific American, vol. 227 n° 4, octobre 1972.

Premack D., *l'Éducation de Sarah, un chimpanzé apprend le langage des hommes.* Psychologie n° 13, février 1971, Paris.

Schaller, George, *The Year of the gorilla.* Penguin, Londres, 1964.

Chasseurs et prédateurs

Clark G., *les Chasseurs de l'âge de la Pierre.* Sequoia-Elsevier, Paris, 1967.

Lindner, K., *la Chasse préhistorique.* Payot, Paris, 1941.

Mauduit, J.-A., *la Vie quotidienne des premiers chasseurs (De la préhistoire aux sociétés primitives d'Afrique).* Hachette, Paris, 1972.

Index

Achevé d'imprimer le 16 juillet 1984
par l'Imprimerie Offset-Aubin
pour le compte de France-Loisirs

Dépôt légal : Juillet 1984
Nº d'édit. : 9493. — Nº Impr. : P.12835